Droit constitutionnel

Philippe Blache
Professeur à l'université de Lyon (Jean-Moulin)

5e édition

hachette
SUPÉRIEUR

LES FONDAMENTAUX

LA BIBLIOTHÈQUE DE L'ÉTUDIANT

Collection créée par Caroline Benoist-Lucy

Dans la même collection :

Droit, Politique

7 *Les institutions de la Vᵉ République* (Ph. Ardant, S.-L. Formery)
9 *La fiscalité en France* (P. Beltrame)
12 *Introduction à la science politique* (J.-M. Denquin)
17 *La Constitution commentée, article par article* (S.-L. Formery)
19 *Les collectivités territoriales en France* (E. Vital-Durand)
22 *Contentieux administratif* (D. Turpin)
34 *Philosophie politique / 1. Individu et société* (M. Terestchenko)
35 *Philosophie politique / 2. Éthique, science et droit* (M. Terestchenko)
46 *Droit administratif* (J.-C. Ricci)
47 *Mémento de la jurisprudence administrative* (J.-C. Ricci)
57 *Introduction au droit de l'Union européenne* (J. Dutheil de la Rochère)
86 *Droits fondamentaux et libertés publiques* (J.-M. Pontier)
110 *Histoire des grands courants de la pensée politique* (J.-J. Raynal)
121 *Droit des sociétés* (J. Bonnard)
129 *Droit du travail* (M. Le Bihan-Guénolé)
131 *Mémento de la jurisprudence du droit international public* (B. Tchikaya)
132 *Droit pénal général* (P. Canin)
137 *Droit des entreprises en difficulté* (J. Bonnard)
143 *Droit matériel de l'Union européenne* (J. Dutheil de la Rochère)
144 *Droit commercial* (P. Canin)
146 *Méthodes de travail de l'étudiant en droit* (J. Bonnard)
147 *Droit public économique* (J.-P. Valette)
148 *Droit civil/Les obligations* (P. Canin)
152 *Histoire du droit et des institutions* (D. Berthiau)
156 *Droit civil/Les biens* (R. Desgorces)
161 *Quel droit pour l'environnement ?* (S. Maljean-Dubois)
164 *Droit constitutionnel* (P. Blachèr)
173 *Mémento de la jurisprudence - Droit des sociétés / Le juge et la société* (J.-L. Navarro)
178 *Mémento de la jurisprudence - De la CEDH* (Y. Lécuyer)
179 *Droits et libertés constitutionnels* (P. Blachèr, J.-É. Gicquel, P. Jan)
181 *Droit budgétaire – Comptabilité publique* (D. Catteau)
182 *Les 7 principes du droit pénal* (Y. Jeanclos)

www.hachette-education.com

ISBN 978-2-01-702558-0

Table des matières

chapitre 1

Introduction générale au droit constitutionnel

Le droit constitutionnel désigne la mise en forme par le droit du pouvoir politique. *Pouvoir politique* : deux mots qui traduisent la domination (le pouvoir est une capacité de commandement qui suppose et génère l'obéissance des gouvernés vis-à-vis des gouvernants) exercée par certaines personnes, encadrée par le droit, au nom du bien commun (la politique a d'abord pour objet d'assurer l'ordre, la justice et la sécurité ; plus largement, elle se rapporte aux relations entre les personnes au sein d'une collectivité organisée). À la suite d'un lent processus historique entamé dès le XIe siècle, l'État s'est imposé comme le cadre le plus abouti et le plus légitime de l'organisation du pouvoir politique. Différents facteurs ont contribué à cet essor : la décomposition de la féodalité (qui a rendu nécessaire la concentration du pouvoir) ; l'expansion économique (qui a favorisé les échanges et a justifié le phénomène de monopolisation des ressources financières) ; la séparation progressive du spirituel et du temporel ; la diffusion des doctrines du pacte social (Hobbes, Locke, Rousseau) qui conseillent aux individus, par nature libres et égaux, de fonder par un contrat un État souverain auquel ils sont tenus d'obéir.

En Europe continentale, l'État s'est, dans un premier temps, confondu avec le roi. Les monarques ont exercé leur fonction en son nom : « L'État, c'est moi », dira Louis XIV. Cette formule traduit la puissance de commandement du souverain qui ne rencontre aucun obstacle à l'exercice de ses prérogatives (les droits régaliens) sur les territoires rattachés à la couronne. Le roi exerce et incarne la puissance suprême à l'intérieur du royaume. Les personnes physiques sont ses sujets. L'origine de son pouvoir ne se fonde pas sur un texte élaboré par un pouvoir constituant : le monarque invoque le droit divin comme source de sa puissance (et de sa légitimité). L'État, sous la monarchie personnelle, correspond ainsi à une forme particulière de domination où le droit constitutionnel (alors coutumier) n'intervient qu'à la marge pour régler essentiellement les conditions d'accession à la couronne.
Dans un second temps, le pouvoir de l'État s'est progressivement institutionnalisé : ce phénomène signifie que le pouvoir exercé par le monarque l'est au nom de

quelque chose qui ne correspond plus à la personne du roi. Le roi règne non pour lui mais pour une forme d'organisation abstraite que l'on nomme l'État. La célèbre formule, « Le roi est mort, vive le roi », indique qu'au-delà du corps physique du roi perdure une continuité du pouvoir que le roi, personne physique, incarne et qui est l'idée d'État. Les légistes du XVIe siècle théorisent la permanence et la continuité du pouvoir d'État à travers la notion de « souveraineté » (notamment Jean Bodin). La règle juridique dégagée pour construire et assurer cette puissance de l'État, cette permanence du pouvoir, s'appelle « la constitution ». Bien entendu, le mot « constitution » a changé au XVIIIe siècle pour traduire d'autres idées ; mais le sens commun puise ses origines dans ce processus historique et politique.
Droit constitutionnel : l'expression correspond, d'une part, à l'ensemble des règles constitutionnelles en vigueur dans un État (le droit constitutionnel positif) et, d'autre part, à la discipline qui étudie ces règles (la doctrine de droit constitutionnel). Tel qu'il est enseigné dans les universités et les instituts d'études politiques en France, le droit constitutionnel se donne pour objectif de décrire le phénomène de l'organisation effective du pouvoir. Les grands auteurs, fondateurs de la matière (Maurice Hauriou, Raymond Carré de Malberg, Léon Duguit), insistent sur le caractère institutionnel du pouvoir. « Une institution, écrit Georges Burdeau (1905-1988), est une entreprise au service d'une idée, organisée de telle façon que l'idée étant incorporée dans l'entreprise, celle-ci dispose d'une puissance et d'une durée supérieures à celles des individus par lesquels elle agit » (*L'État*, 1970). L'étude du droit constitutionnel positif suppose, ainsi, de revenir préalablement sur les notions d'« État » (**1**) et de « Constitution » (**2**).

I. Le pouvoir institutionnalisé : l'État

La doctrine de droit constitutionnel part d'un préalable : l'État reste le cadre à l'intérieur duquel s'exerce le pouvoir politique (même si l'épisode du « traité établissant une constitution pour l'Europe » de 2004 a pu relancer la question du détachement entre la notion de « Constitution » et celle d'« État »). Tout État est une personne morale de droit public (**A**). Chaque État se compose d'éléments constitutifs communs à tous les États (**B**). Ces éléments fondamentaux forment les rudiments de ce que l'on a coutume d'appeler « la théorie générale de l'État ».

A– La personnalité juridique de l'État

Ce qui caractérise l'État est l'unité. Le concept d'État désigne une institution composée d'organes dont la finalité est d'assurer une cohérence dans l'exercice du pouvoir politique et d'instituer une permanence dans la représentation juridique et sociale d'une collectivité humaine réunie sur un territoire.

Envisagé sous un angle juridique, l'État est une personne morale de droit public. La personnalité morale est la reconnaissance juridique accordée à un groupement organisé afin d'accomplir ses missions. Avoir la personnalité juridique, c'est exister en droit; c'est être sujet de droit; c'est détenir une capacité juridique. L'État se singularise par rapport aux personnes morales de droit privé par son objet (l'État agit – en principe – au nom de l'intérêt général), par ses prérogatives exorbitantes du droit commun (la « puissance publique ») et par le droit qui l'encadre (le droit public). Tout est fait pour que les pouvoirs publics, qui expriment la volonté de l'État, édictent des règles obligatoires au nom de l'intérêt général. De plus, la reconnaissance de la qualité étatique s'impose « de plein droit » (Jean Combacau) : contrairement aux autres personnes morales dont l'existence juridique suppose une reconnaissance par un acte juridique, la personnalité juridique de l'État est la condition préalable et nécessaire à la formation d'un ordre juridique.

L'institution étatique s'exprime par l'intermédiaire de personnes physiques ou de groupes de personnes qui agissent en son nom : les élus, les fonctionnaires, les militaires, les agents de l'État. Répartis entre des organes spécialisés dans certaines tâches (le gouvernement, les assemblées parlementaires, les ministères, l'administration...), les acteurs de l'État sont soumis, dans leurs actions, au respect de règles juridiques, en particulier au droit constitutionnel et au droit administratif.

Au sein des personnes de droit public (collectivités territoriales, établissements publics), seul l'État est souverain. Historiquement associée à la puissance législative, cette qualité – la souveraineté – signifie que l'État dispose d'une plénitude de compétences tant à l'intérieur de ses frontières (souveraineté interne) que sur la scène internationale (souveraineté externe). Les juristes ramènent la souveraineté de l'État à cette double idée fondamentale : l'État dispose de la puissance la plus haute dans l'ordre juridique interne (souveraineté-puissance) et il n'est soumis à aucun autre sujet de droit international dans ses rapports avec les autres États (souveraineté-liberté).

B– Les composantes de l'État

Chaque État dispose d'une identité qui le distingue des autres États : son peuple, son territoire, sa (ses) langue(s), son histoire forgent le « génie national ». Mais, pour les juristes, des éléments constitutifs forment le statut juridique de tout État.

1. Le peuple

Plusieurs critères (les liens historiques, sociologiques et affectifs) sont constitutifs d'unité et de cohérence (voire de solidarité) entre les individus. En droit, la question de savoir si une personne physique est rattachée à un État n'est pas une question

psychologique ou culturelle : tout repose sur la nationalité de la personne. Dans son sens usuel, la nationalité est classiquement définie comme le lien juridique de rattachement d'un individu à l'État. La Cour internationale de justice, organe juridictionnel des Nations unies chargé d'interpréter le droit international et de régler les différends entre les États, définit la nationalité comme « un lien juridique ayant à sa base un fait social de rattachement, une solidarité effective, d'intérêts, de sentiments, jointe à une réciprocité de droits et de devoirs » (arrêt Nottebohm, 1955). La nationalité est conférée aux individus par l'État selon différents critères – le droit du sang, le droit du sol, la naturalisation – dont l'étude relève du droit privé. Elle ne se confond pas avec la nation. La nationalité est un titre juridique qui fonde la compétence de l'État sur ses nationaux sur lesquels il détient des pouvoirs et des obligations.
Le peuple, dans un sens constitutionnel, désigne donc l'ensemble des citoyens, titulaires de la nationalité étatique. En France, le Conseil constitutionnel a proclamé la valeur constitutionnelle du principe de l'unité du peuple français en retenant cette signification du mot « peuple ». Pour la haute juridiction, la Constitution française « ne connaît que le peuple français, composé de tous les citoyens français sans distinction d'origine, de race ou de religion » (décision n° 91-290 DC du 9 mai 1991). En apparence claire, cette définition du « peuple », présentée dans la décision du 9 mai 1991, soulève une ambigüité. Faut-il comprendre que seul le peuple « empirique » mérite d'être reconnu comme l'auteur de la Constitution ou bien doit-on admettre, par imputation, que le peuple désigne les citoyens du passé et du présent ? En faveur de la seconde réponse, la décision précitée rappelle que « la référence faite au "peuple français" figure d'ailleurs depuis deux siècles dans de nombreux textes constitutionnels ». Le Conseil constitutionnel semble donc admettre l'existence d'un peuple « perpétuel » qui exprime dans les constitutions successives sa volonté. Une telle conception ne va pas sans soulever de redoutables débats de théorie constitutionnelle. Comment, par exemple, limiter la volonté du peuple actuel au nom de celle du peuple perpétuel ? Comment connaître la volonté de citoyens disparus depuis deux siècles ?
Le peuple s'étend également aux personnes (physiques ou morales) présentes sur le territoire de l'État et qui, par ce *fait*, sont soumises au droit étatique. Tel est, par exemple, le cas des étrangers qui vivent à titre permanent dans un État. Si la citoyenneté politique ne leur est pas toujours accordée (le droit de vote aux élections locales étant cependant reconnu aux citoyens européens dans les États de l'Union européenne), la question de leur appartenance à la population de l'État ne fait aucun doute.

2. Le territoire

Tout État possède un territoire. Sans territoire – même de petite superficie (hypothèse du « micro-État » tel le Saint-Siège ou la principauté de Monaco) – l'existence légale de l'État n'est pas possible. Le territoire est l'espace délimité par des frontières et qui désigne la zone de validité spatiale de l'ordre juridique étatique. Le territoire de l'État comprend des éléments terrestres et non terrestres (espace aérien, éventuellement espace maritime) dans le cadre duquel l'État exerce sa souveraineté. À l'intérieur de son territoire, l'État exerce l'intégralité de ses compétences à l'exclusion de tout autre État.

Les caractéristiques du territoire de chaque État varient en fonctions de divers critères au premier rang desquels se trouvent les spécificités géographiques.

Ainsi, un État sans littoral (tel la Suisse) – appelé État enclavé – ne possédera pas d'espace maritime (néanmoins le droit international lui confère un droit d'accès à la haute mer), tandis qu'un État côtier exercera sa souveraineté sur une portion de l'espace maritime appelé « mer territoriale ». Mais ici les différences géographiques engendrent des différences juridiques sur l'exercice des droits de l'État sur l'espace maritime. Par exemple, un État archipel (comme le Japon) ne peut délimiter la zone de sa mer territoriale de la même manière qu'un État continu. De plus, les frontières du territoire peuvent évoluer en fonction des circonstances politiques comme en atteste le cas de l'Alsace-Lorraine, région tantôt intégrée dans le territoire français, tantôt annexée au territoire allemand.

3. Le pouvoir de commandement

Le principe qui caractérise l'État, sous l'angle du pouvoir de commandement, se nomme la souveraineté. L'État bénéficie d'une position dominante dans ses frontières dans la mesure où il est l'unique sujet souverain. En droit interne (ou droit étatique), seuls les organes de l'État sont les auteurs des règles juridiques valides sur le territoire : pourquoi obéit-on à la loi ? Parce que l'État le décide et en impose le respect au moyen de la contrainte. « L'État est un ordre juridique relativement centralisé », écrit Kelsen dans sa *Théorie pure du droit* (1962). Par ce trait – la centralisation – l'ordre juridique étatique se distinguerait des autres ordres juridiques que Kelsen appelle « les ordres juridiques primitifs pré-étatiques » (les corporations ; le système de droit produit par une église : le droit canonique...) et « l'ordre juridique supra ou inter-étatique du droit international général ». Seul l'État fonctionne avec un législateur centralisé, des tribunaux sanctionnant effectivement la violation des normes générales posées par les organes de l'État. Si l'État représente le système juridique le plus perfectionné, c'est avant tout parce qu'il est la forme d'organisation sociale où règne l'effectivité du droit.

Le principe de souveraineté signifie, au regard du droit international, l'exclusivité de compétences de l'État sur son territoire : tout État a le droit de s'opposer aux agissements d'autres États sur son territoire. De plus, l'État est libre de participer

aux relations internationales en défendant ses intérêts. Cette liberté doit s'exercer dans le respect de celle reconnue aux autres États.
Le dilemme des États contemporains est la confrontation du principe de la souveraineté du peuple (titulaire de la souveraineté) avec celui de la puissance de l'État. Comment concilier l'État et les citoyens ? L'une des réponses insiste sur l'encadrement du pouvoir par la Constitution. La démocratie constitutionnelle assure la permanence des principes fondateurs tout en rendant effectif le régime politique démocratique.

II. Le pouvoir encadré : la Constitution

Les révolutions du XVIIIe siècle marque la naissance de la notion moderne de « constitution ». La Constitution se définit, depuis cette époque, comme la Loi fondamentale, adoptée et modifiée dans des conditions spéciales, qui organise le pouvoir dans l'État en vue de le limiter. De cette définition se dégage une double perspective de la notion de « constitution ». Sur **le plan formel**, une constitution se présente comme un document unique car adopté en forme solennelle par le pouvoir constituant et modifiable dans des conditions particulières (la révision). Sur **le plan matériel**, une constitution énonce des règles juridiques dotées d'une autorité supérieure (à la loi) car elles organisent le pouvoir politique de l'État et assurent aux citoyens des droits face à l'État.

A– L'invention de la Constitution moderne par les révolutions du XVIIIe siècle

L'idée de constitution est ancienne. Toutefois, l'expression ne revêt pas les mêmes significations selon les époques. Les révolutions américaines et françaises inventent la constitution politique écrite, œuvre du pouvoir constituant et élaborée en vue d'encadrer les modalités d'accession, d'exercice et de cessation du pouvoir politique.

1. La Révolution américaine

Le point de départ de la révolution américaine est symboliquement exposé par la Déclaration d'indépendance. La Déclaration d'indépendance du 4 juillet 1776 exprime le rejet définitif de l'emprise de la couronne britannique sur les populations du continent américain (13 colonies). Œuvre de Thomas Jefferson (1743-1826), ce texte « rappelle des vérités évidentes » (le principe de l'égalité naturelle entre les hommes; la reconnaissance de droits inaliénables aux individus tels que la

vie, la liberté, la recherche du bonheur) et constate que l'Angleterre usurpe ces droits naturels. La Déclaration en conclut que « tout lien entre les colonies et la Grande-Bretagne est et doit être entièrement dissous ». L'indépendance, obtenue notamment grâce à l'alliance militaire de 1778 signée entre le royaume de France et les Américains, sera officiellement reconnue par le Royaume-Uni en 1783 par la signature du traité de Versailles. La Déclaration d'indépendance des États-Unis du 4 juillet 1776 s'ouvre sur un Préambule à vocation universelle, qui proclame que « Nous tenons pour évidentes par elles-mêmes les vérités suivantes : tous les hommes sont créés égaux; ils sont doués par le Créateur de certains droits inaliénables; parmi ces droits se trouvent la vie, la liberté et la recherche du bonheur. Les gouvernements sont établis par les hommes pour garantir ces droits ».
Ensuite, chacune des 13 colonies se dote d'une constitution et d'une déclaration de droits dès que l'indépendance les fait accéder à la qualité d'États. La plus célèbre est celle de la Virginie de 1776. Les 13 colonies fondent un État de type fédéral. La Constitution des États-Unis de 1787 est proclamée en réaction au modèle anglais. La naissance des États-Unis débute par la rédaction de la Constitution entre 1783 et 1787. Réunis à Philadelphie en congrès, cinquante-cinq représentants des 13 colonies vont élaborer un texte constitutionnel original. L'influence du *Fédéraliste* est essentielle pour la fondation du droit constitutionnel américain (David Mongoin, *Le pari de la liberté*, 2012). Cet ouvrage fut rédigé par Hamilton, Jay et Madison afin de convaincre les délégués de la convention de Philadelphie de ratifier la Constitution de 1787. Les trois auteurs se cachent derrière un personnage, Publius, qui plaide en faveur d'une république démocratique fonctionnant suivant un équilibre parfait entre les organes de l'exécutif, du législatif nécessairement bicaméraux et du pouvoir judiciaire.
Que déduire de ce processus constituant? Précisément que la Constitution politique des États-Unis est un acte de volonté. La Constitution américaine expose au nom du peuple libre la manière dont le pouvoir politique se constitue. Thomas Paine définit ainsi ce qu'est une constitution : « un acte non pas du gouvernement mais du peuple constituant un gouvernement ». L'originalité et le caractère essentiel résident dans l'antériorité de la Constitution sur les pouvoirs politiques. On retrouvera cette idée fondamentale dans la conception des révolutionnaires français : les pouvoirs constitués agissent en vertu et sur le fondement de la Constitution, œuvre du pouvoir constituant.

2. La Révolution française

La Révolution française scelle durablement la nouvelle conception de la constitution politique sur le territoire de l'Europe continentale. Suite au serment du jeu de paume (20 juin 1789), les révolutionnaires de 1789 renversent des principes d'organisation du pouvoir d'Ancien Régime. « L'Assemblée nationale, considérant qu'appelée à fixer la constitution du royaume [...] arrête que tous les membres de cette Assemblée prêteront serment de ne jamais se séparer [...] jusqu'à ce que la Constitution du royaume soit établie et affermie sur des fondements solides. » Une assemblée nationale constituante composée de représentants élus se charge de rédiger la Constitution. Ils commencent par rédiger, durant l'été 1789, la Déclaration des droits de l'homme et du citoyen (l'écriture est arrêtée le 26 août) afin d'exposer les droits « naturels inaliénables et sacrés de l'homme » et afin que les actes du pouvoir législatif et du pouvoir exécutif les respectent. Puis ils engagent la rédaction de ce qui deviendra la première Constitution française : la Constitution du 3 septembre 1791. Le mot « constitution » prend alors son sens moderne : il correspond au « texte réglant les modalités de formation et d'exercice de la puissance publique » (F. Furet, *La Monarchie républicaine*, 1996). Le débat sur la question de la place du roi dans les institutions illustre le changement de perspective. En septembre 1789, les constituants se divisent sur la reconnaissance au roi du droit de sanctionner les lois votées par le corps législatif. Deux courants s'affrontent : pour les uns (Sieyès), le roi ne saurait opposer sa volonté à la souveraineté de la nation; pour les partisans de l'ancienne idée de constitution (Mounier, Lally-Tollendal), le roi seul incarne le bien commun; il doit donc pouvoir opposer sa volonté à l'entrée en vigueur d'une loi. La Constitution du 3 septembre 1791 marque la victoire des partisans d'une limitation des prérogatives royales. Les « pouvoirs constitués » – y compris le roi – sont soumis à la volonté de la Constitution puisqu'ils n'existent que par elle : le roi, jusqu'alors monarque de droit divin, devient un organe public soumis au droit constitutionnel. Le principe du constitutionnalisme libéral va s'inscrire dans le texte de la Constitution du 3 septembre 1791. L'article 3 (chapitre II, tome III) dispose : « [...] il n'y a point en France d'autorité supérieure à celle de la loi. Le roi ne règne que par elle, et ce n'est qu'au nom de la loi qu'il peut exiger l'obéissance ».

B– Les conceptions contemporaines de la Constitution

Plusieurs définitions de la notion de « Constitution » sont proposées par les auteurs. Ces conceptions variées s'expliquent essentiellement par les méthodes utilisées pour aborder le droit.

L'approche normative s'inspire du juriste autrichien Hans Kelsen (1881-1973). La Constitution renvoie à l'ensemble des règles qui sont énoncées dans une loi écrite et solennelle dotée d'une autorité supérieure et dont la modification suppose d'emprunter une procédure spéciale appelée « la révision » (conception formelle). Son objet consiste principalement à fonder la validité de l'ordre juridique (conception matérielle) : une loi sera considérée comme une norme juridique obligatoire à la condition de respecter la Constitution (cette dernière fixant les modalités de production des normes juridiques et énonçant des principes qui s'imposent).

L'approche politique puise ses origines intellectuelles dans des auteurs qui considèrent que le droit, en particulier constitutionnel, trouve ses origines et son contenu dans les rapports sociaux. Produit de l'histoire, de combats politiques et de calculs (les « intentions » du pouvoir constituant), une Constitution poursuit quelques objectifs généraux en démocratie :

- elle aménage les relations entre les gouvernants et les gouvernés en veillant au respect de certains critères : les gouvernants sont choisis à la suite d'élections libres et pluralistes ; l'opposition politique détient des droits ; les gouvernés sont titulaires de droits et libertés dont le respect est vérifié par des juridictions ;
- elle donne aux gouvernants les moyens de gouverner ;
- enfin, elle établit un État de droit : ce principe correspond à la soumission par l'ensemble des organes de l'État (y compris le législateur) à un droit supérieur (le droit constitutionnel ; le droit européen ; les principes fondamentaux). En somme, la Constitution est devenue le moyen de réaliser la démocratie.

2 chapitre

L'élaboration de la Constitution

À l'exception de la constitution coutumière qui se forme par la répétition de précédents et peut être modifiée de façon souple par une simple loi (par ex., et en partie désormais, la Grande-Bretagne), une constitution est rédigée par une autorité spéciale appelée « le pouvoir constituant » et sa rédaction peut être modifiée en empruntant une procédure prévue par la constitution elle-même (appelée la « révision »). Classiquement, le pouvoir constituant désigne l'auteur de la constitution. Le révolutionnaire Français Emmanuel Sieyès est le fondateur de la « théorie du pouvoir constituant ». Dès 1788, il estime que l'écriture d'une constitution est indispensable pour connaître la volonté de la nation et en imposer durablement le respect aux pouvoirs publics. L'écriture de ce texte suprême revient à un organe qu'il nomme le pouvoir constituant. La distinction entre le pouvoir constituant et les pouvoirs constitués, brillamment exposée par Sieyès dans le discours des 20 et 21 juillet 1789 devant l'Assemblée nationale constituante, impose, au nom de la logique, le respect par les pouvoirs publics de la Constitution. Cette distinction a pourtant du mal à être fidèlement respectée par les pratiques constitutionnelles. D'abord, la théorie formulée par Sieyès intervient dans un moment historique particulier : la France rédige sa « Première Constitution » (3 septembre 1791). Suite à cet acte fondateur, les modifications constitutionnelles postérieures à 1791 révèlent toute la complexité de l'opération constituante et les usages invitent à relativiser la distinction entre le pouvoir de faire une constitution (le pouvoir constituant) et celui d'en modifier le contenu (le pouvoir de révision). La doctrine a d'ailleurs tendance à atténuer la distinction entre le pouvoir constituant « originaire » et le pouvoir de révision qu'elle qualifie de pouvoir constituant « dérivé », ce qui sous-entend que c'est toujours une fonction « constituante » qui s'accomplit lors de l'écriture de la constitution (**1**) et aux moments de sa révision (**2**).

I. L'écriture de la Constitution

L'écriture de la Constitution peut être présentée, selon une vision classique, comme un processus linéaire : le pouvoir constituant rédige une constitution que les pouvoirs constitués doivent respecter par la suite. Cette présentation ne correspond pas aux évolutions du droit positif. L'écriture de la Constitution n'est jamais finie. Elle est en perpétuel mouvement car la Constitution est un texte juridique vivant. Si l'intervention du pouvoir constituant est bien entendu indispensable à l'adoption d'une constitution, les modalités d'écriture du texte constitutionnel associent le peuple dans les régimes démocratiques contemporains.

A– L'intervention du pouvoir constituant

1. Les circonstances de l'intervention du pouvoir constituant

Le pouvoir constituant intervient au moment de la fondation d'un nouvel État ou lors d'un changement de régime politique.

→ La fondation d'un nouvel État

Tout État a besoin d'une constitution (selon un principe du droit international : « pas d'État sans Constitution »). La fondation des États-Unis d'Amérique résulte de la Constitution de 1787. Plus récemment, la création du Kosovo, ancienne province de la République de Serbie, confirme le lien indissociable entre l'État et la Constitution. Les représentants de ce territoire revendiquent le statut d'État suite à la déclaration d'indépendance prononcée unilatéralement le 17 février 2008. Cette déclaration précise, dans son dispositif, que : « Nous déclarons que le Kosovo est une république démocratique, laïque et multi-ethnique, guidée par les principes de non discrimination et de protection égale devant la loi. Nous protégerons et promouvrons les droits de toutes les communautés du Kosovo et créerons les conditions nécessaires à leur participation effective aux processus politique et de prise de décisions ». Le premier réflexe des dirigeants du Kosovo est un réflexe constitutionnel. Le 7 avril 2008, la Constitution du Kosovo est signée par le président de la République et, le 9 avril, elle est ratifiée par l'Assemblée du Kosovo. À la suite de ces étapes, le 15 juin 2008, la Constitution entre en vigueur. Le 22 juillet 2010, saisie par l'Assemblée générale des Nations unies, la Cour internationale de justice a confirmé la validité internationale du processus de fondation du nouvel État.

Cet avis consultatif reconnaît, en particulier, dans la déclaration d'indépendance de 2008 l'expression d'un pouvoir constituant.

→ La révolution politique

Cette situation correspond à un changement radical de l'ordre constitutionnel au sein de l'État. Le fait révolutionnaire étant accompli, après des événements politiques parfois violents, le pouvoir constituant proclame des principes et des valeurs qui servent de fondement à la légitimité d'une nouvelle constitution politique. Le « Printemps arabe » de 2010 en est un exemple : les émeutes populaires conduisent au renversement de Ben Ali en Tunisie et elles sont à l'origine d'un processus constituant, achevé avec l'adoption d'une constitution le 26 janvier 2014. Suite à la suspension de la Constitution de 1959 en 2011, un nouveau texte constitutionnel a été rédigé en un peu plus de deux années par une Assemblée nationale constituante composée de représentants élus par les citoyens (une opposition entre les islamistes du parti Ennahda et leurs opposants stigmatisent les débats constitutionnels sur les rapports entre le politique et le religieux). Le Préambule proclame l'attachement à certains principes qui s'inscrivent en rupture avec l'ancienne Constitution. En particulier, la Tunisie adopte « un régime républicain, démocratique et participatif dans le cadre d'un État civil et gouverné par le droit et dans lequel la souveraineté appartient au peuple qui l'exerce sur la base de l'alternance pacifique à travers des élections libres, et du principe de la séparation et de l'équilibre des pouvoirs ». Sur le plan institutionnel, le régime politique aménagé par la Constitution de 2014 est un régime parlementaire moniste dirigé par un exécutif bicéphale (un président de la République élu au suffrage universel pour 5 ans et un Premier ministre qui émane de la coalition victorieuse aux élections législatives). Au niveau des droits fondamentaux, les droits de la femme sont consacrés à travers différentes garanties constitutionnelles : égalité entre les citoyens et les citoyennes devant la loi (art. 20) ; représentation politique équitable (art. 34) ; égalité en matière d'accès au travail et équité en matière de rémunération (art. 40) ; parité entre les hommes et les femmes au sein des conseils élus (art. 46). De plus, si l'islam est mentionnée comme « la religion de la Tunisie » dans le Préambule, les principes de la liberté de conscience (« dahmir ») et de croyance sont également protégés et la charia (loi islamique) n'est pas reconnue par la Constitution. La Tunisie est un « État civil » : dans l'esprit de cette Constitution, l'État ne saurait basculer vers la théocratie.

→ Le changement de régime politique

Le changement de régime politique peut coïncider avec un changement formel et consenti de constitution. La création de la IIIe République de la Côte d'Ivoire est passée par la rédaction d'une nouvelle Constitution adoptée par référendum le 30 octobre 2016. En France, le passage de la IVe à la Ve République résulte d'une révision de la Constitution de 1946, dont la procédure fut modifiée par la loi du 3 juin 1958. Certains auteurs déduisent de cette continuité juridique formelle entre les deux Constitutions qu'il n'existe pas, à strictement parler, de « Ve République » en 1958. Cependant, le caractère totalement nouveau des dispositions matérielles du texte proposé par le Général de Gaulle et l'intervention du peuple constituant par le référendum du 28 septembre 1958 en vue d'adopter une nouvelle Constitution confirment le changement fondamental de Constitution et le passage à une nouvelle République. En revanche, plus délicate à identifier est l'hypothèse d'un changement de régime politique sous une même constitution. À titre d'exemple, la loi constitutionnelle du 6 novembre 1962 relative à l'élection du président de la République au suffrage universel, adoptée par un référendum constituant, imprime au régime politique de la France une nouvelle logique, que la doctrine appelle « le présidentialisme majoritaire » (J.M. Denquin, *La Monarchie aléatoire*, 2002). Sans changer de Constitution (nous vivons toujours sous le texte de 1958), la révision de 1962 établit une rupture avec le fonctionnement du régime parlementaire tel qu'il avait été mis en place en 1958. En 1962, le pouvoir constituant s'est exprimé : la loi constitutionnelle, que le Conseil constitutionnel a refusé de contrôler au motif qu'elle constituait « l'expression directe de la souveraineté nationale » (décision n°62-20 DC du 6 novembre 1962), a été adoptée par un référendum constituant.

2. La fragile distinction entre le pouvoir constituant originaire et le pouvoir constituant dérivé

Classiquement, les auteurs opèrent une distinction entre le pouvoir constituant « originaire » et le pouvoir constituant « dérivé ». Cette présentation insiste sur la liberté du pouvoir constituant « originaire » par rapport au pouvoir « dérivé ». Auteur d'une « première » constitution, le pouvoir constituant « originaire » échapperait au droit tandis que le pouvoir « dérivé » serait plus ou moins encadré par la procédure de révision. Cette doctrine mérite d'être nuancée.

En premier lieu, toute autorité politique qui agit en tant que pouvoir constituant « originaire » respecte certaines règles de procédure ou de fond destinées à rendre acceptable l'œuvre constituante. Ainsi, une assemblée nationale constituante tient nécessairement compte de principes ou de règles issues du droit international (droits et libertés internationaux, en particulier) afin d'asseoir la légitimité de son action. L'organe agissant au nom du pouvoir constituant respecte le droit politique au moment de mettre en place un nouvel ordre constitutionnel. Mais, à la différence du pouvoir de révision, le pouvoir constituant originaire est libre – sur la forme – d'appliquer comme il le veut ce droit politique.

En second lieu, la distinction classique invite à considérer que le pouvoir constituant « originaire » ne s'exprime véritablement qu'au moment où il adopte la constitution. Par conséquent, les modifications postérieures de la constitution, qui sont encadrées par la révision, ne correspondraient pas, à strictement parler, à des manifestations du pouvoir constituant. Cette interprétation stricte paraît trop artificielle et déconnectée de la pratique des pouvoirs. En particulier, il est admis que le pouvoir de révision participe au pouvoir constituant : il est un pouvoir constituant institué mais sa nature reste constituante. Le Conseil constitutionnel français adopte cette position. Dans sa décision n°92-312 DC du 2 septembre 1992 (Maastricht 2), il déclare que « le pouvoir constituant est souverain. [...] rien ne s'oppose à ce qu'il introduise dans le texte de la Constitution des dispositions nouvelles qui dérogent à une règle ou à un principe de valeur constitutionnelle » (considérant rendu à propos du droit de vote et d'éligibilité aux élections municipales accordé aux citoyens de l'Union). Cette formule signifie que le juge constitutionnel assimile le pouvoir constituant originaire et le pouvoir de révision. Faut-il pour autant déduire de ce raisonnement une identité entre la pouvoir constituant (le souverain) et le pouvoir de révision ? La doctrine est divisée sur cette question. Selon une ancienne théorie française dite « formaliste » exposée par Léon Duguit (1859-1928) sous la IIIe République, il serait logiquement impensable de limiter le pouvoir de révision. L'interdiction de supprimer la forme républicaine de gouvernement (énoncée par l'actuel article 89 de la Constitution de 1958, dans la continuité d'une loi de 1884) pourrait ainsi être surmontée en deux étapes : première étape, une révision de la procédure de révision qui supprime l'interdiction mentionnée ; seconde étape, une révision qui modifie sur le fond la forme républicaine de gouvernement. Par conséquent, un texte constitutionnel ne pourrait pas logiquement conférer à certaines de ses dispositions une valeur supérieure à la Constitution. À l'opposé de cette thèse, certains auteurs estiment qu'il convient de distinguer le pouvoir constituant et le pouvoir de révision. Ce dernier resterait, en tout état de cause, un pouvoir constitué car encadré par du droit et chargé d'assurer une fonction de législation constitutionnelle selon une procédure spéciale appelée « la révision ».
En troisième lieu, le texte constitutionnel peut toujours être complété ou neutralisé par une interprétation émanant d'une autorité habilitée par la Constitution elle-même (président de la République, assemblée parlementaire, juridiction supérieure...). Ces interprétations politiques ou juridictionnelles modifient parfois considérablement la portée d'une disposition constitutionnelle (par exemple, par la décision n°71-44 DC du 16 juillet 1971, le Conseil constitutionnel déclare la valeur constitutionnelle des déclarations des droits du Préambule de la Constitution de 1958). Ces changements informels de la Constitution qui émanent des pouvoirs constitués soulèvent de redoutables controverses. Signifient-elles que les interprètes de la Constitution s'érigent en

pouvoir constituant ? Les interprétations *contra legem* violent-elles la Constitution (à l'instar de l'usage présidentiel de l'article 11 de la Constitution, en lieu et place de l'article 89, pour adopter la loi constitutionnelle du 6 novembre 1962) ?

B – Les modalités d'expression du pouvoir constituant

Le pouvoir constituant intervient, d'abord, au moment de la fondation de la constitution. La doctrine distingue alors deux modes d'écriture du texte constitutionnel : le mode autoritaire et les modes démocratiques.

Le mode autoritaire appartient au passé. Il est celui des pouvoirs constituants de légitimité monarchique ou autocratique. Dans son esprit, la constitution est imposée au peuple par un chef (roi, empereur, dictateur) ou un groupe détenteur du pouvoir. L'exemple type est la charte de 1814 présentée par le roi de France Louis XVIII à ses sujets comme étant son œuvre personnelle (en réalité, la charte est rédigée par les parlementaires puis amendée selon les volontés du monarque). Le terme « charte » signifie clairement que le peuple est écarté de la source du pouvoir. L'« octroi » de la charte indique également que le roi consent, selon « son bon plaisir », à adopter le texte constitutionnel. Le terme de « charte » fut choisi à bon escient par un conseiller du roi, le comte Beugnot, pour les raisons suivantes : « Puisqu'il s'agit d'une concession faite librement par un roi à ses sujets, le nom anciennement usité, celui consacré par l'histoire de plusieurs peuples et par la nôtre est celui de charte. » Octroyée, la charte n'en reste pas moins soumise à un certain formalisme constitutionnel. Ainsi, une cérémonie solennelle de proclamation du texte de la charte s'est déroulée le 4 juin 1814 au Palais-Bourbon devant les députés (membres du corps législatif) et les sénateurs (appelés alors les « pairs »). Le roi Louis XVIII présenta le texte aux parlementaires et il jura fidélité à ses principes. Bien qu'autoritaire, le mode d'écriture de la charte de 1814 obéit à des rituels constituants que l'on retrouve dans les modes démocratiques (à l'image de la prestation de serment sur la bible du président des États-Unis d'Amérique qui entre en fonction).

D'autres exemples de mode autoritaire peuvent être cités : les constitutions bonapartistes rédigées par l'exécutif et dont les principes sont approuvés par le peuple au moyen d'un plébiscite. Cette technique de consultation populaire est une dénaturation du référendum puisque la consultation porte moins sur le texte que sur l'action du chef de l'État. Le peuple est invité à donner la confiance au chef, l'adoption de la constitution n'étant qu'un prétexte à l'expression de cette confiance.

Les modes démocratiques font participer le peuple, en tant que corps électoral, à l'une des étapes de l'écriture de la constitution. En démocratie, le peuple est, par imputation, le titulaire de la souveraineté : c'est en son nom que s'exerce le

pouvoir constituant. Toutefois, comme le remarque l'un des grands maîtres du droit constitutionnel, le Doyen Hauriou (1856-1929) : « Bien entendu, ce n'est pas la nation entière, en assemblée du peuple, qui va jouer le rôle de pouvoir constituant. La nation pourra prendre une part directe à l'opération constituante par un référendum constitutionnel [...] » (*Précis de droit constitutionnel*, 1929, p. 248).
Deux modalités de participation du peuple au processus d'écriture de la constitution sont envisageables. Le peuple peut, en amont, désigner des représentants chargés d'écrire la constitution (système de l'assemblée constituante). Cette solution correspond à la procédure adoptée pour écrire la Constitution française du 3 septembre 1791, ainsi que celles de 1848 et de 1875. Dans ces trois cas, le texte constitutionnel a entièrement été rédigé et adopté par l'Assemblée constituante élue.
Le peuple peut aussi être invité, en aval, à adopter solennellement par un référendum constituant le texte constitutionnel rédigé par ses représentants. Cette technique s'est appliquée pour l'adoption de la Constitution de la Ve République (référendum du 28 septembre 1958).
Il n'est pas interdit, également, de cumuler les deux procédés (système de la convention). Ainsi, le peuple français a choisi les membres de l'Assemblée nationale constituante lors de l'élection du 21 octobre 1945. Cette assemblée a rédigé un projet de Constitution pour la IVe République que le peuple a une première fois rejeté, en avril 1946, puis un second projet que le peuple a adopté par référendum le 13 octobre 1946.
Commode pour classer les processus d'élaboration des constitutions, cette dichotomie n'apparaît pas toujours pertinente pour identifier les régimes autoritaires et les régimes démocratiques. L'histoire enseigne qu'une constitution imposée au peuple favorise parfois la démocratie et, *a contrario*, qu'une constitution démocratique dans son élaboration peut conduire vers un régime de confiscation de la démocratie (à l'image de la Constitution française de 1848).
Le pouvoir constituant intervient, en second lieu, au moment de la révision de la constitution. Chaque constitution, selon son degré de rigidité, aménage les modalités d'expression du pouvoir de révision.

II. La révision de la Constitution

La révision est une procédure particulière, réglementée par la Constitution, qui permet de modifier les lois constitutionnelles écrites. Les démocraties aménagent cette procédure en confiant à des organes (assemblée *ad hoc*, assemblées parlementaires, citoyens par voie de référendum), selon des modalités plus ou moins complexes, cette compétence spéciale. Le cas français illustre une constante : l'adoption d'une loi constitutionnelle suppose de réunir des conditions juridiques et politiques plus lourdes qu'en matière de législation ordinaire. La question des limites au pouvoir de révision se pose également comme l'un des enjeux de l'exercice de ce pouvoir.

A– La procédure de la révision en France

En France, la « Loi adoptée selon la procédure spéciale prévue par la Constitution pour sa révision au titre du pouvoir constituant dérivé » se nomme la loi constitutionnelle (LC). Afin de réserver la maîtrise de la révision constitutionnelle à des organes distincts de ceux qui exercent la fonction législative ordinaire, la Constitution aménage une procédure spécifique d'adoption de la LC. Cette procédure est prévue par le titre XVI de la Constitution de 1958 (« De la révision ») composé d'un unique article.

« Art.89 : L'initiative de la révision appartient concurremment au président de la République sur proposition du Premier ministre et aux membres du Parlement. Le projet ou la proposition de révision doit être examiné dans les conditions de délai fixées au troisième alinéa de l'article 42 et voté par les deux assemblées en termes identiques. La révision est définitive après avoir été approuvée par référendum. Toutefois le projet de révision n'est pas présenté au référendum lorsque le président de la République décide de le soumettre au Parlement convoqué en Congrès ; dans ce cas, le projet de révision n'est approuvé que s'il réunit la majorité des trois cinquièmes des suffrages exprimés. Le bureau du Congrès est celui de l'Assemblée nationale. […] »

Lorsque les parlementaires prennent l'initiative de déposer une proposition de LC, son adoption suppose que chaque chambre vote le texte en termes identiques. L'Assemblée nationale et le Sénat se trouvent alors sur un pied d'égalité, chaque assemblée disposant d'un pouvoir de blocage. Puis, l'article 89, alinéa 2, dispose que : « La révision est définitive après avoir été approuvée par référendum. » Cette voie parlementaire suppose néanmoins l'accord du gouvernement afin d'inscrire à l'ordre du jour d'une assemblée parlementaire la proposition que l'autre assemblée a voté. Ainsi, l'Assemblée nationale adopte, le 3 mai 2000, la « proposition de loi constitutionnelle visant à accorder le droit de vote et d'éligibilité aux élections municipales aux étrangers non ressortissants de l'Union européenne résidant en France ». Le texte n'a cependant jamais été discuté au Sénat, le Premier ministre Lionel Jospin refusant son inscription à l'ordre du jour de la Seconde Chambre. En somme, une proposition de LC nécessite le soutien de l'exécutif pour avoir quelque chance d'être adoptée. Cela explique qu'en dépit de la fréquence des propositions de LC déposées par les députés et les sénateurs, la procédure n'a jamais été couronnée de succès.

Lorsque l'initiative relève du président de la République sur la proposition de son Premier ministre, le « projet » de révision a également besoin du soutien du Parlement. Le projet de LC doit en effet être examiné et voté en termes identiques par les deux assemblées (art. 89, alinéa 2). Le succès de la révision suppose ainsi la réunion d'une condition que le président de la République ne maîtrise pas toujours : l'accord politique entre les deux assemblées parlementaires. Cette exigence explique l'échec de certaines réformes initiées par le président de la République : le Sénat s'est opposé en 1984 à l'extension du domaine du référendum législatif de l'article 11; en 1990, il s'est opposé à la réforme de l'article 61 de la Constitution visant à introduire un mécanisme d'exception d'inconstitutionnalité devant le Conseil constitutionnel ; en 2016, les deux assemblées parlementaires ne sont pas parvenues à se mettre d'accord sur le projet de LC de « protection de la Nation » (le président de la République a donc décidé d'abandonner le processus constitutionel le 30 mars 2016). L'hostilité du Sénat vis-à-vis du projet de LC pour une démocratie plus représentative, responsable et efficace (2018) conduira-t-elle à un nouvel échec d'une révision souhaitée par le président de la République ?

L'approbation définitive des projets de LC s'effectue, à la discrétion du chef de l'État, par la voie du référendum ou selon la procédure du Congrès à la majorité des trois cinquième des suffrages exprimés. Le Congrès est la réunion des parlementaires spécialement convoqués en un collège unique afin d'approuver définitivement un projet de LC. Dans la rédaction de l'article 89, alinéa 3 (« Toutefois... »), la procédure du Congrès se présente comme une exception à la règle du référendum constituant. Cependant, l'expérience des révisions sous la Ve République invalide cette interprétation exégétique : la pratique témoigne que toutes les LC adoptées au titre de l'article 89 l'ont été par le Congrès en dehors de celle relative au « quinquennat » (LC du 2 octobre 2000). Si, en apparence, le président de la République apparaît comme le « maître du jeu » dans cette seconde option – le chef de l'État pouvant à tout moment interrompre le processus de révision, comme l'a fait le président Jacques Chirac en 2000 à propos de la réforme du Conseil supérieur de la magistrature – le Parlement reste un acteur décisif dans l'exercice du pouvoir constituant. Lorsqu'il est convoqué, par un décret présidentiel, le Congrès se réunit au château de Versailles (depuis la LC du 21 juin 1879) sous la présidence du président de l'Assemblée nationale. En apparence, le Congrès est une assemblée parlementaire car elle est composée des députés et des sénateurs qui se réunissent pour adopter définitivement une loi spéciale (la LC). La procédure suivie devant le Congrès emprunte beaucoup à la procédure législative ordinaire. Les textes adoptés en termes identiques par les deux assemblées parlementaires sont effectivement discutés et votés lors de la séance du Congrès. Toutefois la procédure suivie en l'espèce s'avère spéciale en raison de la nature constituante de l'Assemblée convoquée aux fins d'approuver une LC. Les parlementaires réunis en collège unique expriment la volonté constituante, et non la volonté législative. À ce titre, l'article 89, alinéa 3, restreint la compétence du Congrès à une approbation d'un texte adopté en termes identiques par le Parlement. Les membres du Congrès ne détiennent pas le droit d'amender le texte soumis à l'approbation. Celui-ci n'est, du reste, pas soumis à un examen préalable en commission et il ne fait pas l'objet d'un rapport. La procédure applicable en matière de législation ordinaire n'est pas transposable au Congrès.

La procédure de révision constitutionnelle en France

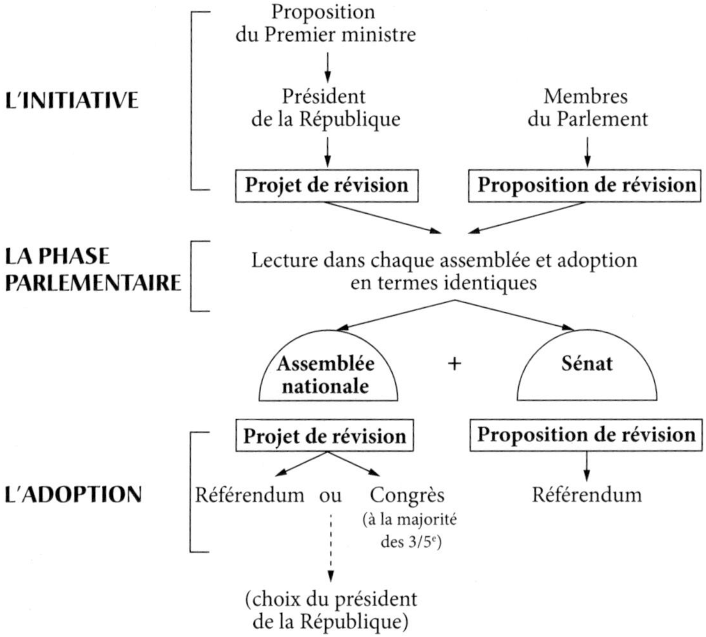

B – La question des limites au pouvoir de révision

Si le pouvoir de révision est assimilable à un pouvoir constituant, peut-il être limité par la Constitution ? Les réponses techniques et politiques apportées par les démocraties contemporaines à cette question varient selon les cultures et les traditions nationales. En principe, les constitutions nationales prévoient des limites temporelles (interdiction de réviser dans certaines circonstances, par ex. art. 169 Constitution du Royaume d'Espagne de 1978) ou des exigences de délais minimaux (par exemple art. 284 de la Constitution du Portugal de 1976) selon la portée de la révision.

Certains États instituent des mécanismes constitutionnels pour assurer la pérennité de valeurs et de droits considérés comme fondamentaux. Tel est le cas de l'Allemagne qui, par la Loi Fondamentale du 23 mai 1949, interdit de porter atteinte aux droits fondamentaux énoncés aux articles 1 et 20. Le constituant allemand a placé les droits fondamentaux hors d'atteinte du législateur, par leur consécration à un rang supra-législatif et par la création d'une juridiction constitutionnelle chargée de les protéger. La volonté de lutter contre le nazisme explique l'anthropocentrisme (la protection de la personne humaine est la finalité du droit) qui guide l'esprit de la Loi Fondamentale. La codification allemande ne se limite pas à une énumération d'un catalogue de droits et libertés. Elle contient également des garanties procédurales que l'on peut résumer en trois points. D'abord, l'article 79. 3 de la Loi fondamentale interdit au pouvoir de révision de la Constitution de porter atteinte aux droits énoncés aux articles 1 et 20. Cette interdiction représente une limite matérielle au pouvoir de révision. Certaines exceptions sont néanmoins prévues par la Loi fondamentale. En cas de défense de l'ordre public, « les lois peuvent prévoir des limitations aux droits fondamentaux de la liberté de circulation et d'établissement » (art. 11) et « d'inviolabilité du domicile (art. 13) » (art. 17. 2). De plus, l'article 18 prévoit l'existence d'une déchéance des droits fondamentaux prononcée par la Cour constitutionnelle : « Quiconque abuse de la liberté d'expression des opinions [...] ou du droit d'asile pour combattre l'ordre constitutionnel libéral et démocratique, est déchu de ces droits fondamentaux » (art. 18). Ces restrictions aux droits fondamentaux doivent être perçues comme des mesures exceptionnelles de protection de l'ordre public. En aucun cas, le constituant n'autorise le législateur à revenir sur la substance même des droits fondamentaux : « Il ne doit en aucun cas être porté atteinte à la substance d'un droit fondamental » (art. 19. 2). C. Autexier qualifie le système allemand de « démocratie militante » car un certain nombre de principes ou de valeurs (fédéralisme, dignité humaine) restreignent la souveraineté du peuple. Les droits fondamentaux sont, ensuite, définis comme des droits subjectifs. Les titulaires de ces droits sont les individus (même si l'article 19. 3 ajoute que « Les droits fondamentaux s'appliquent également aux personnes morales nationales lorsque leur nature le permet »). Les débiteurs sont les pouvoirs publics. La Cour constitutionnelle allemande, qui siège à Karlsruhe, dénomme ces droits des « droits défensifs face à l'État » pour bien souligner que « les droits fondamentaux sont avant tout destinés à sauvegarder la sphère de liberté de l'individu contre d'éventuelles ingérences de la puissance publique » (arrêt Luth, 15 janvier 1958).

Au cœur du dispositif institutionnel de l'application de l'État de droit se trouve le juge constitutionnel. La Cour constitutionnelle fédérale n'est pas la seule juridiction constitutionnelle : les länder en possèdent chacun une. Mais c'est la plus importante. Comme en Allemagne (art. 79, al. 3), certains États cherchent à protéger, par la proclamation de limites matérielles au pouvoir de révision, les éléments essentiels de leur organisation politique. Ainsi, la Constitution du Brésil de 1988 interdit de réviser la structure fédérale de l'État (art. 60). À l'inverse, la Constitution du Portugal proclame l'intangibilité du caractère unitaire de l'État (art. 288, al. 1 Constitution de 1976). La nouvelle Constitution du Maroc de 2011 exclut toute révision pouvant remettre en cause « la forme monarchique de l'État » (art. 175). Enfin, l'interdiction de porter atteinte à la forme républicaine de gouvernement est consacrée par les constitutions françaises (art. 89 de la Constitution de 1958), italienne (art. 139 de la Constitution de 1947) et portugaise (art. 288, al. 3 de la Constitution de 1976).

D'autres États excluent l'idée d'une limitation matérielle à la compétence de la révision : c'est le cas de la Belgique, du Luxembourg, des Pays-Bas, du Danemark, de la Suède, de l'Irlande. De manière très claire, la Constitution helvétique (version du 18 avril 1999) rappelle que : « art. 192. 1 : la Constitution peut être révisée en tout temps, totalement ou partiellement ». Le pouvoir constituant dérivé reste ainsi libre de changer toutes les dispositions constitutionnelles à partir du moment où il respecte la procédure constitutionnelle prévue à cet effet. Il n'y a donc pas – au niveau juridique – de soumission du pouvoir constituant dérivé au pouvoir constituant originaire.

Le cas de la France est contrasté. La Constitution de 1958 aménage une procédure pour réviser la Constitution : celle de l'article 89. La question se pose, depuis le précédent de 1962, de savoir si le président de la République est en droit d'emprunter une procédure spéciale aux mêmes fins que celle de l'article 11 (référendum législatif). Évoqué en janvier 2018 à propos du projet de réforme souhaité par le président Macron, ce scénario reste très improbable. L'évolution de la jurisprudence du Conseil constitutionnel sur les actes préparatoires aux opérations de référendum incite à considérer – depuis deux décisions *Hauchemaille* du 25 juillet 2000 et du 24 mars 2005 – qu'un nouvel usage présidentiel du référendum législatif serait neutralisé par le juge. Ce dernier pourrait annuler le décret de convocation des électeurs en raison de son caractère inconstitutionnel. S'agissant de la procédure régulière de révision (celle de l'article 89), elle proclame deux types de limites au pouvoir de révision. Tout d'abord, ce dernier ne peut intervenir que dans certaines circonstances : il est interdit de réviser en période d'intérim (art. 7), de déclenchement des pouvoirs exceptionnels du président de la République (art. 16), ou lorsqu'il est porté atteinte à l'intégrité du territoire (art. 89). L'état d'urgence – déclenché en France entre le 14 novembre 2015 et le 1er octobre 2017 – ne figure pas, étonnamment, dans ces exceptions. En second lieu, « la forme républicaine du gouvernement ne peut faire l'objet d'une révision » (art. 89, al. 5). La limite matérielle ainsi proclamée interdit, *a minima*, le retour de la monarchie constitutionnelle. En apparence, le pouvoir de révision est donc limité. Toutefois, le Conseil constitutionnel refuse de se déclarer compétent pour contrôler la constitutionnalité des lois constitutionnelles (décision n°469 DC du 26 mars 2003).

Le pouvoir de révision, assimilé au pouvoir constituant, est donc « souverain ». Mais à ce titre, est-il autorisé, en droit, à s'affranchir du respect des engagements internationaux auxquels il a consenti ? De bonnes raisons issues de l'observation du droit positif invitent à considérer que la souveraineté implique le respect de la parole internationale donnée. En premier lieu, il incombe au législateur constitutionnel de ne pas engager la responsabilité de l'État pour non-respect des droits fondamentaux. La jurisprudence européenne considère que le droit à réparation « est valable en toute hypothèse de violation du droit communautaire par un État membre, et quel que ce soit l'organe de l'État membre dont l'action ou l'omission est à l'origine du manquement » (CJUE, Affaire C-46/93, *Brasserie du pêcheur*, 5 mars 1996). Dès lors, l'intervention du Conseil constitutionnel permettrait d'éviter la mise en cause de la France pour violation du droit de l'Union européenne. En second lieu, c'est sans doute sur le terrain du respect des droits fondamentaux que se justifie peut-être le plus le contrôle de constitutionnalité des lois constitutionnelles. Un tel contrôle est déjà pratiqué dans la logique de la protection des droits et libertés par la Cour européenne des droits de l'homme et par certaines Cours constitutionnelles nationales. Enfin, le législateur constitutionnel peut parfaitement ne pas vouloir expressément remettre en cause une disposition internationale ou européenne mais y porter atteinte par une révision ayant des effets collatéraux, par exemple, sur le droit de l'Union. La LC pourrait ainsi utilement faire l'objet d'un contrôle juridictionnel du Conseil constitutionnel en se fondant sur le respect de la conventionalité opposable au pouvoir de révision.

chapitre 3

La protection de la Constitution

Pourquoi protéger la Constitution ? Dès la fin du XVIIIe siècle, l'idée de protéger la Constitution apparaît indispensable à l'achèvement du principe de la représentation politique. Les constituants français de 1789 ont conscience des dangers de la théorie du gouvernement représentatif qui repose sur l'indépendance du gouvernant par rapport aux gouvernés. Certains orateurs de la Constituante (1789-1791) plaident pour la «nécessité d'un surveillant pour la nation sur les représentants de la nation elle-même » (Gautier de Blauzat, 21 sept.1789) afin de garantir la sincérité de la représentation et le respect des droits constitutionnels. Mais la question du gardien de la Constitution divise les fondateurs du droit public français : hostiles à l'égard des juges, les révolutionnaires considèrent qu'il faut faire confiance aux représentants pour respecter la Constitution (la prestation de serment par exemple suffit à garantir la fidélité et la loyauté des gouvernants envers le régime politique). Toute autre est la conception américaine. L'arrêt de la Cour suprême des États-Unis d'Amérique Marbury vs. Madison de 1803 fixe, pour la première fois, le principe du nécessaire respect de la Constitution par les lois. Le juge américain accepte d'écarter l'application d'une loi contraire à la Constitution de 1787. Depuis cette jurisprudence, les tribunaux américains s'estiment compétents pour écarter les lois inconstitutionnelles. Le contentieux constitutionnel aux États-Unis est donc diffus : il n'est pas réservé à la seule Cour suprême ; il est partagé entre toutes les juridictions. Simplement, pour des raisons d'harmonisation des solutions jurisprudentielles, la Cour suprême est parfois saisie, en dernier ressort, pour résoudre définitivement le litige de constitutionnalité. En Europe, et en particulier en France, la question des gardiens de la Constitution divise. Sous la Constitution de 1958, le président de la République (art. 5) et le Conseil constitutionnel (art. 61) doivent protéger la Constitution (**1**) même si la juridiction constitutionnelle a progressivement conquis un rôle de tout premier plan en ce domaine (**2**).

I. Gardien politique ou gardien juridictionnel ?

À qui confier le soin de protéger la Constitution ? Dès l'établissement des premières Constitutions françaises (1791 ; 1793 ; 1795), deux thèses s'affrontent : celle, notamment exposée par Sieyès en 1795 *(Projet de jury constitutionnaire)*, plaidant en faveur d'un gardien judiciaire de la Constitution ; celle qui interdit aux juges de s'immiscer dans l'exercice du pouvoir législatif et qui, par conséquent, défend le principe d'un gardien politique de la Constitution. La Constitution de 1958 prévoit deux gardiens de la Constitution : un gardien politique et un gardien juridictionnel.

A– Un débat ancien

Par méfiance à l'égard des juges et en raison de la sacralité de la loi (et de l'organe qui la vote : le Parlement), le droit public français exclut, jusqu'en 1958, l'institutionnalisation d'un juge constitutionnel. La Constitution de 1791 dispose que : « Les tribunaux ne peuvent, ni s'immiscer dans l'exercice du pouvoir législatif, ou suspendre l'exécution des lois... ». La loi des 16-24 août 1790, qui consacre la « conception française de la séparation des pouvoirs » (Conseil constitutionnel, décision n°86-224 DC du 23 janvier 1987), interdit par ailleurs aux tribunaux judiciaires de juger l'administration (ce qui justifie l'existence d'un ordre de juridictions administratives). Les Constitutions du 13 décembre 1799 et du 14 janvier 1852 attribuent au Sénat la fonction de vérification de la conformité des lois à la Constitution. De leur côté, les juridictions françaises ne s'engageront jamais dans la voie d'un contrôle de la conformité des lois par rapport à la Constitution. Très tôt, la Cour de cassation (Cour cass., chambre crim., *Paulin*, 11 mai 1833) puis le Conseil d'État (CE, arrêts *Arrighi* et *Dame veuve Coudert*, 1936) se déclarent incompétents pour contrôler la constitutionnalité des lois. Pourtant, la doctrine sous la Troisième République estime possible, sur le plan juridique du moins, le contrôle juridictionnel des lois, même si les argumentations présentées varient d'un auteur à un autre (voir G. Drago, *Contentieux constitutionnel*, PUF, 2013). La tradition française reste ainsi attachée au principe du gardien politique de la Constitution. Selon la théorie du gouvernement représentatif, les représentants sont chargés de « vouloir pour la nation ». Leur volonté est, par fiction, imputable à la nation. Or la Constitution exprime la volonté nationale. Il est donc légitime et cohérent de confier aux représentants parlementaires le soin de garder la Constitution. En ce sens, Carré de Malberg déduit des lois constitutionnelles de 1875 (IIIe République) la compétence pour les assemblées parlementaires d'interpréter la Constitution et d'apprécier de la constitutionnalité des lois : « le Parlement seul est appelé à juger si un projet législatif soumis à ses délibérations porte en lui une modification de la Constitution » (« La constitutionnalité des lois et la Constitution de 1875 », *Revue politique et parlementaire*, 1927).

Au même moment, à l'époque de la République de Weimar (nom du régime appliqué entre 1919 et 1933) en Allemagne, deux juristes s'affrontent dans une célèbre querelle sur la question du « gardien de la Constitution » : Carl Schmitt (1888-1985) et Hans Kelsen (1881-1973). Cette *disputatio* se déroule entre les deux-guerres, en 1931, dans un contexte où les législateurs en Europe vont démontrer que les gouvernants peuvent s'affranchir du respect des droits de l'homme. Pour Carl Schmitt, seul le président du Reich doit être le gardien de la Constitution. Le juriste allemand définit la notion de constitution en partant d'une distinction fondamentale entre constitution et loi constitutionnelle. Par Constitution, il faut entendre les décisions politiques qui forment la substance d'une constitution. Par exemple, Schmitt explique que : « Des énoncés comme « le peuple allemand s'est donné cette constitution », « la souveraineté procède du peuple » ou « le Reich allemand est une République », ne sont en rien des lois, et par conséquent pas des lois constitutionnelles. [...] Ce sont plus que des lois [...] : ce sont les décisions politiques concrètes qui fixent la forme d'existence politique du peuple allemand et forment le présupposé fondamental de toutes les normations ultérieures, même celles données par les lois constitutionnelles. » (*Théorie de la Constitution*, 1928, trad. 1989, PUF). Dans cette logique, garder la Constitution ne signifie pas résoudre un conflit entre des normes juridiques (comme le pense Kelsen) mais plutôt veiller à ce que les décisions politiques au fondement de l'ordre constitutionnel soient respectées. Prenant l'exemple des situations d'exception prévues par l'article 48 de la Constitution de Weimar, Schmitt insiste sur le fait qu'il appartient au président de la République de prendre les mesures exceptionnelles pour faire face à une menace grave ou pour remédier à un trouble à l'ordre public. Cette législation constitutionnelle d'exception témoigne que le gardien de la constitution ne peut pas être une autorité juridictionnelle car, en tout état de cause, l'acte de juger n'est pas adapté aux circonstances.

Hans Kelsen, à l'inverse, critique la thèse du gardien politique de la constitution. Sa doctrine repose, en réalité, sur une autre définition de la notion de constitution et sur une autre vision du pouvoir judiciaire. L'ordre constitutionnel ne reposerait pas sur une décision volontaire du souverain (le pouvoir constituant) mais sur une norme hypothétique que Kelsen appelle « la norme fondamentale ». Dès lors, *protéger la Constitution* signifie résoudre un conflit de normes, et dans ce cas le juge est l'instance qui doit trancher le litige. Dans la Constitution d'Autriche du 1er octobre 1920, Kelsen met en application les résultats de sa théorie du droit en contribuant à fonder la première Cour constitutionnelle. Cette juridiction se justifie au nom de la garantie de la constitution. Pour Kelsen, une loi peut être valide, c'est-à-dire exister, tout en étant inconstitutionnelle. Ce faisant, la loi empiète sur la compétence d'un organe supérieur au pouvoir législatif : l'organe constituant. Il y a donc une contradiction à ce qu'un acte émanant du Parlement puisse méconnaître un acte émanant de l'organe constituant. Il faut qu'une juridiction spéciale, la Cour constitutionnelle, puisse dire si une matière relève bien de la compétence de la loi ou de la compétence du constituant. Un tel juge n'est pas un censeur de la loi mais un « aiguilleur » (selon l'expression de Charles Eisenmann). Il indique simplement si le législateur est compétent ou incompétent pour voter telle ou telle loi. En censurant une loi, il explique que la voie législative n'était pas la bonne pour adopter un texte parce que la constitution réservait cette matière à la voie de la révision constitutionnelle. Sur la base de cette théorie dite de « l'aiguilleur », Kelsen propose de créer une juridiction constitutionnelle en Autriche. Se pose alors l'alternative suivante au sujet de l'organisation de cette juridiction constitutionnelle : faut-il établir « un contrôle remis à tous les juges ou à une instance unique ? ». Kelsen choisit le modèle d'une Cour constitutionnelle unique. Il critique le modèle américain qui confère à tous les tribunaux, chapeautés par la Cour suprême, la compétence pour examiner la constitutionnalité des lois. Les délais de procédure lui paraissent trop longs dans le modèle américain (car il existe plusieurs niveaux d'appel jusqu'à la Cour suprême). Les juges américains ont, selon le maître de Vienne, une culture de la constitutionnalité que les juges européens n'ont pas : trop respectueux de la loi, les tribunaux en Europe n'oseraient pas utiliser leurs pouvoirs en matière de contrôle de constitutionnalité. Enfin, Kelsen considère que la sécurité juridique n'existe pas dans un système qui admet des interprétations différentes de la constitution en fonction de telle ou telle juridiction. Un juge unique évite les interprétations divergentes, il assure l'unité de la jurisprudence et il confère une portée efficace et absolue à la chose jugée.

Au sortir de la seconde guerre mondiale, les États européens adoptent progressivement le modèle autrichien de justice constitutionnelle. Les nouveaux constituants des États vaincus instaurent des Cours constitutionnelles en Autriche (1945), en Italie (1948) et en Allemagne (1949). Il faut également ajouter à cette liste, pour les États non européens, le cas du Japon (1947). Dans les années 1970, les trois États d'Europe du Sud qui se libèrent des dictatures instaurent pour les mêmes motifs un tribunal constitutionnel : la Grèce (1975), le Portugal (1976) et l'Espagne (1978). En 1980, la Belgique institue une Cour d'arbitrage qui fonctionne selon les mêmes principes que la Cour constitutionnelle autrichienne. À la chute du mur de Berlin en 1989, les pays de l'Est adoptent des constitutions qui prévoient toutes l'existence d'une cour constitutionnelle (cas notamment de la Bulgarie, de la Pologne, de la Roumanie, de la République tchèque, de la Slovaquie et de la Hongrie). On peut alors affirmer que « le contrôle de constitutionnalité devient ainsi un élément distinctif et caractéristique du régime démocratique au même titre que la séparation des pouvoirs, l'indépendance du pouvoir judiciaire, la liberté du suffrage » (Dominique Rousseau, *La justice constitutionnelle en Europe*, 1992).

B– Les « pouvoirs publics constitutionnels » en France

La Constitution du 4 octobre 1958 mentionne « les pouvoirs publics constitutionnels » (art. 16), ce qui indique que plusieurs institutions contribuent à l'application de la Constitution et, par conséquent, interprètent les textes constitutionnels. Si le président de la République, le gouvernement et le Parlement exercent les compétences constitutionnelles de premier plan, il ne faut pas oublier les autorités judiciaires chargées, dans le cadre de leur mission, d'appliquer parfois la Constitution. À titre d'exemple, le Conseil d'État rend des avis sur les projets de loi avant que ceux-ci ne soient délibérés en conseil des ministres (art. 39, al. 2).
Toutefois, au sein des « pouvoirs publics constitutionnels », deux institutions se dégagent au titre de gardien de la Constitution : le gardien politique, le président de la République qui « *veille au respect de la Constitution* » (art. 5) ; le gardien juridictionnel, le Conseil constitutionnel qui se prononce sur la conformité des lois, avant leur promulgation, à la Constitution (art. 61) et qui examine les demandes d'abrogation d'une disposition législative dans le cadre de la question prioritaire de constitutionnalité (QPC) (art. 61-1). Le président de la République ne concurrence pas le Conseil constitutionnel (et vice-versa). Il serait même plus exact de souligner une complémentarité entre les deux gardiens qui n'exercent pas leur mission dans le même périmètre et selon les mêmes procédures.
Le Conseil constitutionnel doit, pour exercer ses fonctions, être saisi. Il n'est pas libre d'intervenir spontanément pour protéger la Constitution. Cette première exigence est fondamentale : elle « enferme » le Conseil constitutionnel dans une logique contentieuse qui suppose de répondre aux arguments échangés entre des parties qui s'affrontent à propos de l'interprétation d'une disposition constitutionnelle. De plus, le juge constitutionnel se prononce dans les strictes limites des compétences lui sont attribuées par la Constitution. La légitimité de ses décisions repose en grande partie dans le respect du domaine du contrôle de la constitutionnalité. Par exemple, la juridiction constitutionnelle ne peut pas apprécier la conformité constitutionnelle des actes pris par l'exécutif. Les cas d'ouverture du contentieux constitutionnel sont limités au contrôle de la conformité des lois et des engagements internationaux. S'il intervient, le Conseil constitutionnel est seul compétent pour les litiges qui lui sont soumis et ses décisions s'imposent « aux pouvoirs publics et à toutes les autorités administratives et juridictionnelles » (art. 62).
Pour toutes les autres matières, le président de la République dispose d'une *compétence générale* pour veiller au respect de la Constitution. Cette *compétence générale* s'exerce discrétionnairement et sur les problèmes constitutionnels que le chef de l'État entend régler ou, en cas de crise, doit régler (art. 16). Le président de la République peut, par exemple, déterminer l'étendue de ses propres pouvoirs. Le général de Gaulle a cherché à façonner les compétences présidentielles. Le 18 mars 1960, il a refusé de convoquer le Parlement

en session extraordinaire en s'appuyant sur l'article 30 de la Constitution qui dispose que : « Les sessions extraordinaires sont ouvertes et closes par décret du président de la République ». Cette disposition n'indique pas expressément que le chef de l'État dispose du pouvoir de refuser, à la demande d'une majorité de députés ou du gouvernement, de convoquer le Parlement en dehors de la session ordinaire. Le précédent de 1960 vient cependant compléter ce silence : désormais, il est entendu que ce pouvoir de refus rentre dans les prérogatives présidentielles. En ce sens, un communiqué du président François Mitterrand du 16 décembre 1987 confirme qu'en matière de convocation du Parlement en session extraordinaire : « Ces compétences relèvent de la seule responsabilité et de la seule appréciation du président de la République. » Les successeurs du Général de Gaulle étendront le pouvoir présidentiel de refus à la signature de certains actes. En 1986, le président François Mitterrand déduit cette faculté de l'article 13 de la Constitution : « Le président de la République signe les ordonnances et les décrets délibérés en Conseil des ministres. » Rédigé à l'indicatif présent, cet article n'indique pas expressément une obligation d'agir pour le chef de l'État. Telle est, du moins, la signification que retiendra le président le République qui refusera de signer deux ordonnances du gouvernement de Jacques Chirac. En 2001, le président Jacques Chirac refuse d'inscrire à l'ordre du jour du Conseil des ministres le projet de loi du gouvernement Jospin relatif au statut de la Corse. Son attitude découle de l'article 9 qui indique que : « Le président de la République préside le Conseil des ministres ». Ce précédent révèle que, désormais, la présidence du Conseil des ministres implique la compétence de maîtriser l'ordre du jour de ce Conseil. Gardien politique de la Constitution, le président de la République n'évalue pas la conformité d'un texte à la Constitution; il ne *juge* pas la loi mais il *apprécie* l'utilité politique de son entrée en vigueur. La doctrine, influencée par la pensée de Hans Kelsen, considère que dans un état de droit, la juridiction constitutionnelle dispose de certains atouts pour se présenter comme un gardien plus efficace des droits et libertés constitutionnels. Chargée de résoudre un litige de constitutionnalité qui oppose deux parties, la juridiction constitutionnelle répond aux exigences de l'impartialité pour veiller au respect de la Constitution. Le Doyen Vedel écrivait que : « si l'on veut que le contrôle de constitutionnalité des lois se fasse comme il doit se faire d'un point de vue juridique, il faut le confier à un organe juridictionnel » (*Manuel élémentaire de droit constitutionnel*, 1949). En France, la juridiction constitutionnelle s'appelle le Conseil constitutionnel.

II. La juridiction constitutionnelle en France : le Conseil constitutionnel

Le Conseil constitutionnel est une juridiction spéciale (**A**) dont la mission principale est de résoudre les litiges portant sur la conformité des lois à la Constitution (**B**).

A– Une juridiction constitutionnelle

1. La composition

Les membres du Conseil constitutionnel sont nommés. Le projet de réforme constitutionnelle en 2018 pourrait mettre fin à la catégorie des membres de droit.

→ Les membres nommés

Aux termes de l'article 56 de la Constitution du 4 octobre 1958 : « Le Conseil constitutionnel comprend neuf membres, dont le mandat dure neuf ans et n'est pas renouvelable. » (art. 56).

Cet effectif est légèrement inférieur à celui des cours constitutionnelles européennes qui comprennent, en moyenne, douze (République fédérale d'Allemagne) à quinze membres (Cour constitutionnelle italienne).

Les neuf membres nommés au Conseil constitutionnel le sont pour une durée de neuf ans par les trois plus hautes autorités politiques de l'État. L'article 56 dispose que : « Le Conseil se renouvelle par tiers tous les trois ans. Trois des membres sont nommés par le président de la République, trois par le président de l'Assemblée nationale, trois par le président du Sénat. ». Ce mode politique de désignation des membres du Conseil se distingue doublement des règles de sélection habituelles des juges constitutionnels dans les autres démocraties européennes. Avant tout, les membres du Conseil ne sont pas élus mais nommés par des autorités politiques. De plus, aucune condition d'âge ou de compétence particulière n'est exigée pour être nommé au Conseil. Ainsi, les autorités de nomination peuvent librement privilégier les préférences personnelles et partisanes lors du choix des membres. Ce pouvoir discrétionnaire dont bénéficient les autorités de nomination peut constituer un obstacle à la représentation des divers courants d'opinions politiques au sein du Conseil. En outre, la politisation des nominations accentue le risque des critiques concernant la légitimité du Conseil constitutionnel : nommés discrétionnairement par des hommes politiques, les conseillers seraient des proches du pouvoir politique; en conséquence de quoi, le Conseil constitutionnel constituerait un organe politique, mais pas un organe juridictionnel.

Parmi les neuf membres nommés se trouve le président du Conseil constitutionnel. L'article 56, alinéa 3, de la Constitution dispose que « le président est nommé par le président de la République. Il a voix prépondérante en cas de partage ». MM. Léon Noël (1959-1965), Gaston Palewski (1965-1974), Roger Frey (1974-1983), Daniel Mayer (1983-1986), Robert Badinter (1986-1995), Roland Dumas (1995-2000), Yves Guéna (2000-2004), Pierre Mazeaud (2004-2007), Jean-Louis Debré (2007-2016) et Laurent Fabius se sont succédé à la tête de l'institution de la rue Montpensier.

Le président du Conseil constitutionnel bénéficie d'un rang protocolaire élevé (le 8e dans l'ordre des préséances) et d'indemnités plus importantes que les autres conseillers. Dans le domaine administratif, le président ordonne les dépenses, recrute le personnel du Conseil, propose au président de la République le nom du secrétaire général de la juridiction constitutionnelle. Et surtout : « Le Conseil constitutionnel se réunit sur la convocation de son président. » (art. 13, ordonnance du 7 novembre 1958). Ce dernier désigne le rapporteur de chaque dossier, dirige les débats au sein de l'institution et bénéficie d'une voix prépondérante en cas de partage. Au regard de ces prérogatives, le président du Conseil dispose d'une autorité prédominante au sein de l'institution ce qui le rapproche d'un « chef de juridiction » (P. Avril et J. Gicquel).

➜ La fin des membres de droit ?

De manière anachronique, l'article 56, alinéa 2, de la Constitution dispose : « En sus des neuf membres prévus ci-dessus, font de droit partie à vie du Conseil constitutionnel les anciens présidents de la République. » (art. 56.2).

Au moment de la rédaction de la Constitution, la catégorie des membres de droit du Conseil constitutionnel a été instituée afin de donner aux anciens présidents de la République une retraite honorable (en Italie, les anciens présidents deviennent sénateurs à vie). Dans les années 1960, seul le président René Coty exerce cette prérogative. Le président Vincent Auriol a, pour sa part, siégé épisodiquement au sein du Conseil. L'attitude du général de Gaulle et de François Mitterrand a toujours été de refuser d'entrer au Conseil constitutionnel. Depuis avril 2004, Valéry Giscard d'Estaing siège épisodiquement au sein de l'institution. Jacques Chirac le rejoint en novembre 2007 mais ne siège plus depuis 2011. Nicolas Sarkozy et François Hollande, membres de droit, ont également renoncé à siéger.

Le développement des missions contentieuses du Conseil constitutionnel (avec, en particulier, la mise en place de la QPC à partir de 2010) rend inévitable une évolution de sa composition afin d'assurer l'impartialité, la neutralité et l'objectivité que requiert l'activité juridictionnelle. Fort logiquement, à l'avenir les membres de droit devraient disparaître de la juridiction constitutionnelle. En pratique, aucun président de la République ne siège au sein de l'institution lorsque celle-ci se prononce en QPC.

2. La nature de l'institution

Le Conseil constitutionnel est une juridiction. Il se qualifie lui-même comme un « organe juridictionnel mentionné par la Constitution » (décision n°2011-642 DC du 15 décembre 2011). C'est une institution indépendante qui a pour mission de dire le droit avec l'autorité de la chose jugée qui s'attache à ses décisions.

L'indépendance des membres nommés du Conseil constitutionnel par rapport aux autorités politiques est garantie par l'article 57 de la Constitution aux termes duquel : « Les fonctions de membre du Conseil constitutionnel sont incompatibles avec celles de ministre ou de membre du Parlement. Les autres incompatibilités sont fixées par une loi organique. »

Assez laconique dans son énonciation, l'article 57 est complété par l'ordonnance du 7 novembre 1958 portant loi organique relative au Conseil constitutionnel, et par la loi organique du 19 janvier 1995. Ces deux textes étendent le régime d'incompatibilité de la fonction de membre du Conseil constitutionnel avec « l'exercice de tout mandat électoral » (art. 4, ordonnance du 7 novembre 1958 modifiée par la loi organique du 19 janvier 1995) national ou local, de toute fonction ministérielle, de membre du Conseil économique et social. De plus, le régime des incompatibilités professionnelles des membres du Conseil constitutionnel est le même que celui qui s'applique aux parlementaires. Si certaines activités professionnelles restent compatibles avec la fonction de conseiller constitutionnel, comme la profession d'avocat ou le professorat, d'autres sont en revanche interdites aux membres du Conseil. Par exemple, « pendant la durée de leurs fonctions, les membres du Conseil constitutionnel ne peuvent être nommés à aucun emploi public, ni, s'ils sont fonctionnaires publics, recevoir une promotion au choix » (art. 5, ordonnance du 7 novembre 1958). Une proposition de loi organique, adoptée par l'Assemblée nationale en première lecture le 1er février 2017 et transmise au Sénat, dresse une liste d'obligations déontologiques applicables aux membres du Conseil constitutionnel (ils doivent veiller à prévenir ou faire cesser les situations de conflits d'intérêts). Ce texte est toujours en attente de son adoption sous la XVe législature (2017-2022).

L'indépendance des membres du Conseil constitutionnel est également assurée par les règles concernant la durée du mandat de conseiller. Fixé à neuf ans, le mandat des membres du Conseil n'est ni renouvelable ni révocable. Toutefois, lorsqu'un conseiller est nommé pour terminer le mandat de son prédécesseur et que ce remplacement n'excède pas trois ans, il peut être renouvelé dans son mandat pour une durée de neuf ans. Ainsi, Louis Joxe, nommé en octobre 1977 pour remplacer Roger Frey décédé, a été renommé pour neuf ans en 1980 au Conseil constitutionnel. Il a donc siégé plus de onze ans au Conseil. En outre, l'impartialité de l'institution et la dignité de la fonction supposent un minimum d'obligations que les membres du Conseil doivent respecter. Ce devoir de réserve tend à rapprocher le statut des conseillers de celui des magistrats. Dans le serment que chaque membre nommé prête devant le président de la République, le futur conseiller s'engage à « garder le secret du délibéré et des votes, à ne prendre aucune position publique et à ne donner aucune consultation sur les questions relevant de la compétence du Conseil, à ne pas laisser mentionner leur qualité de membre du Conseil dans tout document susceptible d'être publié ».

La procédure par laquelle le Conseil constitutionnel rend ses décisions est une procédure juridictionnelle. L'ordonnance du 7 novembre 1958 portant loi organique relative au Conseil constitutionnel a été complétée par la loi organique n°2009-1523 du 10 décembre 2009 pour les questions prioritaires de constitutionnalité (QPC). Le Conseil constitutionnel doit être saisi soit par une autorité politique (pour le contrôle *a priori* de l'article 61) soit par un justiciable (pour une QPC).
Chaque saisine est instruite selon une procédure inquisitoire et écrite (en matière QPC, des plaidoiries exposent oralement les arguments déposés dans des mémoires devant la juridiction constitutionnelle). Même si le Conseil constitutionnel est une institution collégiale, la procédure contentieuse s'organise autour du travail du rapporteur, qui est un des membres nommés désigné par le président : « L'appréciation de la conformité à la Constitution est faite sur le rapport d'un membre du Conseil » (art. 19, ordonnance du 7 novembre 1958). Le rapporteur est chargé de rédiger un projet de décision. De manière inquisitoire, il prépare un dossier visant à examiner la constitutionnalité d'une loi votée. Avec l'aide des services juridiques du Conseil et du secrétaire général, le rapporteur réunit les textes de la saisine, les travaux préparatoires de la loi contestée, la réponse écrite du secrétariat général du gouvernement à la saisine et les arguments échangés entre les parties. Le rapporteur dispose également de documents, lettres, mémoires qui lui sont envoyés par des parlementaires, des associations, des juristes ou des personnes intéressées par la loi examinée. Dans le cadre du contrôle préventif, ces documents informels s'appellent « les portes étroites » (Denys de Béchillon, *Réflexion sur le statut des « portes étroites » devant le Conseil constitutionnel*, Le Club des juristes, janvier 2017).
Une décision est une réponse à un échange d'arguments contradictoires. Depuis 1983, les saisines du Conseil constitutionnel sont publiées au *Journal officiel* de la République française. Il en est de même, depuis 1994, des observations en défense de la loi rédigées par le secrétariat général du gouvernement. Cette publicité de la saisine et de la réponse du gouvernement contribue à renforcer le caractère juridictionnel de la procédure devant le Conseil. En matière de QPC, la procédure est contradictoire et elle présente les caractéristiques du procès juste et équitable. D'ailleurs le Conseil constitutionnel reprend dans une large mesure les règles de fonctionnement du procès administratif ou judiciaire pour examiner les QPC.
À l'issue de sa délibération, le Conseil prend sa décision à la majorité simple. La décision du Conseil constitutionnel se présente de façon simplifiée depuis le 10 mai 2016. Sans distinguer formellement les visas, les considérants (de procédure et de fond) et le dispositif (divisé en articles), la structure de la motivation expose, en phrases courtes, les motifs de la saisine, les textes vus, les fondements de la décision et la décision prise.

Les décisions rendues par le Conseil constitutionnel sont obligatoires pour l'ensemble des pouvoirs publics (art. 62). Le contrôle de constitutionnalité peut donc empêcher une loi votée d'entrer en application (la déclaration d'inconstitutionnalité bloque la promulgation de la loi) ou abroger une disposition législative en vigueur dans le cadre de la QPC. L'autorité de la chose jugée s'attache non seulement au dispositif des décisions du Conseil constitutionnel mais aussi « aux motifs qui en sont le soutien nécessaire et en constituent le fondement même » (décision n°62-18L du 16 janvier 1962).
La Constitution permet au Conseil constitutionnel de moduler dans le temps l'abrogation des dispositions législatives déclarées contraires à la Constitution. Il peut par exemple fixer la prise d'effet de l'abrogation à une date ultérieure mentionnée dans la décision. Cette solution permet au législateur de disposer d'un délai pour corriger les dispositions abrogées (voir par exemple la décision n°14/22 QPC du 22 juillet 2010 relative à la garde à vue). Il peut aussi décider d'abroger avec un effet immédiat les dispositions législatives contraires à la Constitution. Dans ce cas, ces dernières disparaissent de l'ordre juridique et elles ne sont pas appliquées dans la cadre du litige à l'occasion duquel la QPC a été soulevée (voir la décision n°240 QPC du 4 mai 2012 relative à l'abrogation du délit de harcèlement sexuel).

B– Un juge de la loi

Au titre de juridiction constitutionnelle, le Conseil constitutionnel demeure compétent, depuis 1958, pour connaître des recours en inconstitutionnalité dirigés contre une loi votée par le Parlement avant sa promulgation. Depuis le 1er mars 2010, la QPC donne au Conseil constitutionnel une nouvelle compétence contentieuse en matière de protection des droits et libertés. Au 1er mai 2018, 603 décisions ont été rendues sur le fondement de cette voie de droit.

1. Un juge de la conformité constitutionnelle des lois depuis 1958

L'article 61 de la Constitution de 1958 dispose que seules les lois votées « avant leur promulgation » peuvent faire l'objet d'un contrôle de constitutionnalité. Toutes les lois n'ont cependant pas vocation à être examinées par le Conseil constitutionnel. Échappent ainsi à son contrôle les lois déjà en application, les lois adoptées par référendum (décision n°62-20 du 6 novembre 1962) et les lois constitutionnelles (décision n°2003-469 DC du 26 mars 2003).
Le contrôle préventif est obligatoire en matière de lois organiques (lois adoptées selon la procédure spécifique de l'article 46 C et qui complètent la Constitution) et de règlements des assemblées parlementaires; il est facultatif, en matière de lois ordinaires votées.

Pour les lois organiques et les règlements des assemblées parlementaires, la saisine du Conseil s'effectue par une simple transmission du texte législatif de la part du Premier ministre. Cette saisine est obligatoire et n'a pas à être motivée. Dans le cas des lois ordinaires, la saisine du Conseil constitutionnel suppose l'intervention d'une autorité politique. D'après l'article 61, al.2, les lois peuvent être déférées au Conseil constitutionnel par le président de la République, le Premier ministre, le président de l'Assemblée nationale, le président du Sénat, soixante députés ou soixante sénateurs (depuis la LC du 29 octobre 1974). La révision de 2008 abaisse à quarante députés ou quarante sénateurs le seuil de parlementaires requérants.
Saisi de la loi, le juge constitutionnel contrôle le contenu du texte législatif en se réservant la possibilité de soulever d'office des moyens et des conclusions ne figurant pas dans la saisine. Les méthodes du contrôle de constitutionnalité se sont empiriquement étoffées : elles font l'objet d'une étude approfondie en droit du contentieux constitutionnel, discipline distincte du droit constitutionnel.
Une fois l'examen de la constitutionnalité de la loi terminé, le Conseil peut rendre trois types de décision :
- il déclare la loi conforme à la Constitution : la loi est promulguée par le président de la République ;
- il déclare que la loi contient une disposition contraire à la Constitution et inséparable de l'ensemble de cette loi : la loi ne peut être promulguée en l'état ;
- il déclare que la loi contient une disposition inconstitutionnelle mais séparable des autres dispositions législatives : la loi peut être promulguée amputée de la disposition censurée ou bien le président de la République peut solliciter une nouvelle lecture de l'ensemble de la loi afin de la corriger.

L'esprit du contrôle exercé par le Conseil constitutionnel est résumé dans la proclamation suivante : « la loi votée n'exprime la volonté générale que dans le respect de la Constitution » (décision du CC du 23 août 1985). Le **légicentrisme** (règne de la loi) a laissé place au **constitutionnalisme** (règne de la Constitution). Au 1er mai 2018, le Conseil constitutionnel a rendu 764 décisions en matière de déclaration de conformité (DC).

2. La QPC (Question prioritaire de constitutionnalité)

La réforme du 23 juillet 2008 instaure la QPC (art. 61-1) que l'on peut définir comme le droit subjectif dont dispose tout justiciable à obtenir l'abrogation d'une disposition législative qui porte atteinte aux droits et libertés garantis par la Constitution.
L'article 61-1 dispose : « Lorsque, à l'occasion d'une instance en cours devant une juridiction, il est soutenu qu'une disposition législative porte atteinte aux droits et libertés que la Constitution garantit, le Conseil constitutionnel peut être saisi de cette question sur renvoi du Conseil d'État ou de la Cour de cassation qui se

prononce dans un délai déterminé ». Cet article est complété par la loi organique (LO) 1523 du 10 décembre 2009. La mention du caractère « prioritaire » de la question de constitutionnalité fut d'ailleurs ajoutée par le législateur organique. Tous les justiciables, en tant que parties à un procès dirigé par une juridiction relevant de l'ordre judiciaire ou de l'ordre administratif, sont concernés par la nouvelle procédure. La seule restriction mentionnée par la LO concerne les parties à un procès devant la cour d'assise. La QPC ne peut être soulevée d'office par le juge. La rédaction de l'article 61.1 précise en effet que la question de constitutionnalité ne peut être soulevée qu'à partir du moment où « il est soutenu qu'une disposition législative porte atteinte aux droits et libertés que la Constitution garantit » (souligné par nous). Dans l'intention du constituant le déclenchement de la procédure repose sur la volonté expresse de l'une des parties au procès. Le moyen doit nécessairement être « présenté dans un écrit distinct et motivé » (art. 23-1, LO).

Toutes les lois en vigueur peuvent faire l'objet d'une QPC, y compris les lois abrogées. Le Conseil constitutionnel considère, en matière de disposition législative abrogée « que la modification ou l'abrogation ultérieure de la disposition contestée ne fait pas disparaître l'atteinte éventuelle à ces droits et libertés ; qu'elle n'ôte pas son effet utile à la procédure voulue par le constituant ; que, par suite, elle ne saurait faire obstacle, par elle-même, à la transmission de la question au Conseil constitutionnel au motif de l'absence de caractère sérieux de cette dernière » (CC 2010-55 QPC, 18 octobre 2010). Seules les dispositions législatives de nature organiques, constitutionnelles et référendaires échappent à la QPC, ainsi que les lois autorisant la ratification des engagements internationaux (CE 14 mai 2010, Rujovic) ou transposant des directives communautaires.

Une fois soulevée, la demande de QPC est « filtrée » par les juridictions du fond puis par la juridiction supérieure (CE ou Cour de cass.) qui vérifient la réunion de trois conditions : l'existence d'un lien entre la disposition législative attaquée et le litige ; l'absence de contrôle préalable de la disposition législative par le Conseil constitutionnel ; la pertinence du caractère sérieux de la question soulevée.

En cas de renvoi, le Conseil constitutionnel se prononce dans le cadre d'une procédure contradictoire et publique. Les parties à l'instance présentent leurs observations par l'intermédiaire de leurs avocats. Ils exposent les motifs de leur demande d'abrogation de la loi (pour la partie requérante) ou développent des arguments plaidant en faveur de la conformité de la loi par rapport à la Constitution (pour la partie adverse ou pour le gouvernement). Le Conseil constitutionnel rend sa décision QPC selon une forme juridictionnelle classique. Il rappelle d'abord les textes vus pour exercer son contrôle. Comme en matière de contrôle préventif (CC 74-54 D.C. 15 janvier 1975, IVG) il refuse d'intégrer les engagements internationaux dans les normes invocables contre une loi (CC 2010-605 DC, 12 mai 2010). La décision constitutionnelle est construite par des motifs qui exposent le raisonnement du juge. Elle se clôt par un dispositif qui peut, soit déclarer la disposition législative conforme à la Constitution (dans ce cas la loi s'applique au litige à l'origine duquel est soulevée la QPC), soit prononcer l'abrogation de la loi.

Les grandes décisions du Conseil constitutionnel

• CC n°62-20 DC du 6 novembre 1962 (loi relative à l'élection présidentielle au suffrage universel direct)	Le CC se déclare incompétent pour contrôler la loi constitutionnelle adoptée par référendum.
• CC n°71-44 DC du 16 juillet 1971 (liberté d'association)	Le CC intègre le préambule de la Constitution dans les normes de référence de son contrôle et il en déduit un principe fondamental reconnu par les lois de la République (la liberté d'association) opposable au législateur.
• CC n°74-54 DC du 15 janvier 1975 (IVG)	Le CC refuse de confronter la loi relative à l'IVG par rapport au droit à la vie énoncé par la convention européenne des droits de l'homme. Les engagements internationaux sont exclus des normes de référence du contrôle de constitutionnalité.
• CC n°94-343/344 DC du 27 juillet 1994 (bioéthique)	Le CC déduit du préambule de la Constitution le principe de dignité de la personne humaine.
• CC n°2008-564 DC du 19 juin 2008 (OGM)	La charte de l'environnement de 2004 est dotée d'une valeur constitutionnelle.
• CC n°2010-1 QPC du 28 mai 2010 (Cristallisation des pensions)	Première décision rendue en matière QPC. Le CC abroge trois dispositions législatives contraires au principe d'égalité. Les effets de l'abrogation sont différés dans le temps.
• CC n°2013/669 DC du 17 mai 2013 (mariage pour tous)	Le CC ne détient pas un pouvoir général d'appréciation identique à celui du Parlement. Le mariage à tous les couples ne méconnait pas le principe d'égalité.
• CC n°2015-527 QPC du 22 décembre 2015 (état d'urgence)	Les dispositions législatives relatives à l'état d'urgence sont conformes à la Constitution. Nécessité toutefois pour le législateur de concilier la prévention des atteintes à l'ordre public avec le respect des droits et libertés.

chapitre 4

La séparation des pouvoirs

La « Théorie de la séparation des pouvoirs » est un mythe devenu rationnel grâce aux constitutionnalistes. Un mythe car Montesquieu ne parle pas de « séparation des pouvoirs » et, surtout, ne cherche pas à séparer les pouvoirs. Dans *De l'esprit des lois* se trouve exposée une doctrine contre le régime despotique : le despotisme correspond au régime où un seul homme ou corps social gouverne sans règle ni loi. Or la liberté se définissant comme l'obéissance à la loi (« le droit de faire ce que les lois permettent », écrit Montesquieu), seule une forme de gouvernement modéré permet d'assurer durablement le maintien de la liberté politique. En revanche, il y a un minimum de liberté lorsque les pouvoirs publics agissent de manière arbitraire. Montesquieu trouve dans l'organisation des pouvoirs en Angleterre le régime politique le plus équilibré et le plus modéré pour son époque.

La séparation des pouvoirs est néanmoins perçue comme l'un des principes fondamentaux du droit constitutionnel moderne (car elle représente la théorie la plus critique contre l'absolutisme monarchique). Les constitutionnalistes des révolutions du XVIIIe siècle (aux États-Unis et en France) se réfèrent à Montesquieu et à sa « théorie ». L'article 16 de la Déclaration des droits de l'homme et du citoyen proclame de manière éclatante : « Toute société dans laquelle la garantie des droits n'est pas assurée ni la séparation des pouvoirs déterminée n'a point de constitution ». Autrement dit, la séparation des pouvoirs devient la fonction assignée à toute constitution. Pourtant l'expression « séparation des pouvoirs » pose, en elle-même, problème. Au moment où se forge le droit *du* pouvoir politique, comment comprendre cette revendication de l'existence de plusieurs pouvoirs dans l'État ? Ne faudrait-il pas parler, au nom de l'unité du pouvoir politique, des « séparations *du* pouvoir » (Pascal Jan, *Mélanges Jean Gicquel*, LGDJ, 2008) ? En droit constitutionnel, le principe de la séparation des pouvoirs correspond aux méthodes de distribution et de répartition du pouvoir au sein de l'État. La séparation horizontale évite la concentration institutionnelle du pouvoir (**1**). La séparation verticale évite la concentration territoriale du pouvoir (**2**).

I. La séparation horizontale des pouvoirs

La séparation horizontale des pouvoirs correspond à la spécialisation des fonctions – exécutive, législative ou judiciaire – exercées par les organes de l'État. La liberté n'est pas garantie si l'un des pouvoirs de l'État concentre la plénitude de la souveraineté. Le principe est popularisé par Montesquieu (Charles de Secondat, baron de La Brède, 1689-1755) qui, après des études de droit à Bordeaux, fut président du parlement de Bordeaux et auteur des *Lettres persanes* (1721) et des *Considérations sur les causes de la grandeur des Romains et de leur décadence* (1734). Après avoir voyagé des années en Europe, et notamment en Angleterre de 1729 à 1731, pour mieux connaître les institutions et les mœurs de son temps, il s'attache à la rédaction de *De l'esprit des lois*, publié en 1748. La « séparation des pouvoirs », associée à Montesquieu (**A**), est utilisée par les juristes afin de classer les régimes politiques (**B**).

A– Montesquieu et la théorie de la séparation des pouvoirs

La théorie de la séparation des pouvoirs est une doctrine constitutionnelle. Comme toute idéologie, elle est susceptible d'interprétations différentes. Montesquieu est habituellement présenté comme étant le théoricien de la séparation des pouvoirs bien que la distinction entre les fonctions étatiques ait été formulée antérieurement par d'autres, notamment par l'anglais John Locke (1632-1704). Comme Locke, Montesquieu cherche à établir la liberté en politique. À cette fin, il élabore une doctrine du « gouvernement modéré » dont il trouve le modèle dans la Constitution d'Angleterre (« La liberté politique ne se trouve que dans les gouvernements modérés », *De l'esprit des lois*, livre XI, chap. VI). Mais à la différence du philosophe anglais, Montesquieu ne se contente pas de décrire le modèle britannique. Il énonce une théorie générale et découvre des principes applicables à toute constitution : « Il y a dans chaque État trois types de pouvoirs », écrit-il, ce qui témoigne d'une volonté de généraliser le propos figurant au livre XI, chapitre VI de l'ouvrage *De l'esprit des lois*, intitulé « De la Constitution d'Angleterre ».

L'apport fondamental de Montesquieu est de considérer que l'organisation des pouvoirs demeure la condition de la liberté politique. Si sa pensée correspond à l'esprit des institutions du XVIIIe siècle, les juristes retiennent de l'*Esprit des lois* un principe universel : il faut que le pouvoir arrête le pouvoir. Il appartient dès lors au droit constitutionnel (ce que Montesquieu appelle « la disposition des choses ») de lutter contre la concentration du pouvoir en réalisant un gouvernement modéré.

Condamnant le régime du pouvoir absolu – concentration du pouvoir dans les mains d'un homme ou d'une classe sociale –, l'auteur de *De l'esprit des lois* cherche à « trouver une combinaison qui, en multipliant les autorités publiques et en partageant entre elles les divers attributs de la souveraineté, ait pour effet de limiter respectivement la puissance de chacune d'elles par la puissance des autorités voisines, de telle sorte qu'aucune ne puisse jamais parvenir à une puissance excessive » (Carré de Malberg, *Contribution à la théorie générale de l'État*, 1922, p. 5). Admirateur de la collaboration des pouvoirs entre les chambres et la couronne, Montesquieu estime que la Constitution d'Angleterre garantit la liberté des hommes car elle assure « le droit de faire tout ce que les lois permettent ». Or, comment garantir que cette liberté de faire ce que les lois permettent soit toujours effective ? Montesquieu trouve la réponse dans le principe de la « distribution des pouvoirs ». Il explique que la « distribution des pouvoirs » en Angleterre est le rempart contre l'arbitraire et la tendance des hommes à abuser du pouvoir. « Pour qu'on ne puisse abuser du pouvoir, il faut que par la disposition des choses le pouvoir arrête le pouvoir » (l'expression « pouvoir » est ici synonyme de fonction et non d'organe).

Au-delà des institutions, Montesquieu recherchait un équilibre entre les puissances sociales (nous dirions aujourd'hui, les classes sociales). Si l'Angleterre n'a pas connu de révolution politique au XVIIIe, c'est surtout par la collaboration des représentants du peuple qui, à la Chambre de communes, ont été associés à l'exercice de la fonction législative.

Tandis que Locke distingue le pouvoir exécutif, le pouvoir législatif et le pouvoir fédératif, Montesquieu propose une autre classification plus apte, selon lui, à garantir la liberté. Joignant dans le pouvoir exécutif le soin d'exécuter les lois et d'exercer la politique étrangère – ce que Locke appelle le pouvoir exécutif et le pouvoir fédératif –, Montesquieu propose de distinguer trois pouvoirs dans l'État :

- le pouvoir législatif, qui correspond à la puissance suprême dans l'État ;
- le pouvoir exécutif, qui consiste essentiellement à exécuter la loi ;
- le pouvoir judiciaire, nécessairement indépendant de l'exécutif afin d'assurer la sécurité des citoyens, dont la puissance est « nulle » – il faut comprendre par là que le pouvoir judiciaire n'a pas un pouvoir de création législative – car le juge n'est que « la bouche de la loi ».

De cette classification tripartite, Montesquieu déduit d'abord une distinction entre les fonctions de l'État. Il faut que le pouvoir exécutif soit en mesure d'arrêter le pouvoir législatif ; que le pouvoir législatif soit en mesure de contrôler que le pouvoir exécutif respecte bien la loi ; que le pouvoir judiciaire soit indépendant des deux autres, surtout de l'exécutif. L'équilibre entre les pouvoirs reste la meilleure forme de gouvernement possible car elle écarte le despotisme. La séparation exécutif/législatif évite à l'exécutif

de faire la loi selon ses caprices. La séparation exécutif/judiciaire interdit à l'exécutif de pratiquer l'arbitraire. Enfin, la séparation législatif/judiciaire signifie que le juge est tenu d'appliquer la loi pour éviter de rendre la justice de manière arbitraire : un juge législateur concentrerait « le pouvoir sur la vie » des citoyens.
Montesquieu considère ensuite que les organes de l'État doivent collaborer pour exercer ces fonctions. L'auteur de *De l'esprit des lois* n'établit pas de concordance entre un organe et une fonction. Ainsi, le pouvoir législatif (au sens de fonction de faire la loi) ne doit pas être exercé par le même homme ou le même corps. Au contraire, la puissance législative relève d'une collaboration entre deux assemblées – l'une représentant l'aristocratie, l'autre représentant le peuple – qui détiennent la faculté de statuer, et du roi, qui détient la faculté d'empêcher. La loi correspond ainsi à un compromis entre deux types d'organes au sein desquels chaque corps social est représenté.
Montesquieu recherchait un gouvernement idéal. Il le trouve dans les institutions politiques de l'Angleterre qui fonctionnent sur un équilibre entre les parties du pouvoir législatif : « la puissance de juger étant nulle », il y a constitution idéale lorsque « le corps législatif y étant composé de deux parties, l'une enchaînera l'autre par sa faculté mutuelle d'empêcher ». À la faculté de statuer, s'oppose une faculté d'empêcher qui aboutit à une collaboration entre les pouvoirs (ou les organes de l'État). Ces *checks and balances* se retrouveront dans les régimes parlementaires et présidentiels.

B – La séparation des pouvoirs, critère de classification des régimes politiques

La séparation des pouvoirs permet différentes combinaisons de répartition des fonctions entre les organes de l'État. Ces modes de distribution du pouvoir ont été classés par les juristes : les régimes parlementaires correspondent à un aménagement souple de la séparation des pouvoirs tandis que le régime présidentiel aménage de façon rigide la séparation des pouvoirs. Commode mais rudimentaire, cette classification présente des défauts.

1. Exposé de la classification

▶ **Le régime parlementaire** correspond à la classification doctrinale attribuée à un régime politique au sein duquel le gouvernement est responsable politiquement de ses actes devant une assemblée parlementaire. Dans cette catégorie de régime politique, l'exécutif et le législatif détiennent des pouvoirs mutuels d'autodestruction et entretiennent des rapports de collaboration fonctionnelle.

L'organe dirigeant de l'exécutif (dénommé « gouvernement » ou « Cabinet ») est juridiquement dépendant de l'organe législatif (Chambre des députés) : on dit que le gouvernement est *responsable* pour traduire, juridiquement, le principe de cette dépendance. La responsabilité politique se traduit par la nécessité pour le gouvernement d'être investi par une assemblée élue et de bénéficier de sa confiance. En cas de vote négatif contre le gouvernement (vote de défiance ou motion de censure), l'assemblée parlementaire renverse le gouvernement. De son côté, le chef de l'exécutif peut exercer le droit de dissolution de la chambre basse du Parlement. Ce droit est un contrepoids face au pouvoir des parlementaires.
Le régime parlementaire se caractérise par une séparation « souple » des pouvoirs. Les membres de l'exécutif participent à la fonction législative, notamment par l'initiative des lois et la promulgation. Les membres de l'organe parlementaire participent à la fonction gouvernementale, notamment par le pouvoir de ratification des traités internationaux et par le contrôle exercé sur l'action du gouvernement.
Le régime parlementaire moniste est celui dans lequel le gouvernement n'est responsable que devant le Parlement (situation dans laquelle le chef de l'exécutif est effacé comme dans la monarchie constitutionnelle – Grande-Bretagne, Espagne, Belgique – ou dans certaines républiques n'attachant pas un grand rôle au président de la République comme le Portugal, l'Allemagne ou l'Italie). Le régime parlementaire dualiste est celui dans lequel le gouvernement est à la fois responsable devant le Parlement et devant le président de la République (cas de la Ve République française).

▶ **Le régime présidentiel** désigne la qualification doctrinale attribuée au régime politique des États-Unis d'Amérique en raison de l'absence de moyen d'irrévocabilité réciproque entre l'organe exécutif et les organes législatifs. Ce modèle présidentiel se retrouve appliqué, avec des nuances, dans certains États de l'Amérique du Sud. En régime présidentiel, l'exécutif n'est pas bicéphale (chef d'État + chef du gouvernement) mais monocéphale : il est composé d'une seule personne, le président. Il n'y a donc pas de gouvernement au sens d'organe collégial assurant l'exercice du pouvoir exécutif. Des *secretaries*, que le président peut révoquer à tout moment, assistent le chef de l'exécutif dans la conduite des affaires gouvernementales. Le Congrès (organe parlementaire) ne possède pas le pouvoir de renverser les *secretaries* ou le président (mais le Congrès peut destituer le président dans le cadre de la procédure judiciaire de l'*impeachment*).
Par opposition au régime parlementaire, il est souvent affirmé que le régime présidentiel se caractérise par une séparation « stricte » des pouvoirs. L'absence de responsabilité politique du gouvernement devant le Congrès, combinée avec l'impossibilité pour le président de dissoudre l'assemblée des représentants confirment que l'exécutif et le législatif ne possèdent pas de pouvoirs mutuels d'autodestruction.

Cette indépendance réciproque n'empêche pas la collaboration entre les deux grands pouvoirs. Ainsi l'organe exécutif contribue à la fonction législative (par exemple, le Président peut opposer son droit de veto) tandis que les assemblées collaborent à la fonction exécutive (par exemple, le Sénat participe à la nomination des hauts fonctionnaires). La séparation stricte des pouvoirs signifie donc juridiquement que le Président ne procède pas du Congrès et le Congrès ne procède pas du Président.

2. Limites de la classification

La distinction entre le régime parlementaire et le régime présidentiel, bien que largement répandue et commode, reste d'un intérêt scientifique limité.

Tout d'abord, elle repose sur une vision statique des formes de gouvernement (Denis Baranger et Armel Le Divellec, *Traité international de droit constitutionnel*, tome 2, 2012). Comment fixer mécaniquement entre des institutions les principes d'organisation du pouvoir alors que l'action politique est, par nature, évolutive, dynamique et parfois imprévisible ? L'organisation du pouvoir, dans les démocraties modernes, implique de reconnaître d'autres déterminants qui influencent la conduite des affaires publiques (les partis politiques, les modes de scrutins, les rapports sociaux, la structure des assemblées parlementaires, la forme territoriale de l'État ont une influence sur la manière dont le gouvernement d'un État fonctionne).

Ensuite, l'évolution des régimes parlementaires contemporains est marquée par une tendance à la concentration du pouvoir qui se réalise au profit de l'exécutif : la France, la Grande-Bretagne et l'Allemagne sont dirigées par une majorité gouvernementale issue d'une liaison entre le gouvernement et la majorité des députés. Dès lors, les rapports entre l'exécutif et le législatif apparaissent déséquilibrés : les assemblées parlementaires ne sont plus en mesure de contre-balancer le gouvernement (en France, par exemple, le soutien inconditionnel de la majorité des députés à l'égard de l'exécutif – « le fait majoritaire » – effrite le principe de la responsabilité politique du gouvernement). Cette évolution explique les transformations du sens que la séparation des pouvoirs prend dans ces démocraties parlementaires. Séparer les pouvoirs revient à consacrer plus de droits pour l'opposition politique de façon à ajuster un rééquilibrage entre la majorité et l'opposition.

Enfin, certains États ne relèvent ni de la classe des régimes parlementaires ni de la classe des régimes présidentiels : c'est le cas d'États du tiers-monde et de dictatures en Afrique. D'autres États relèvent des deux classes, empruntent aux deux modèles à l'image de la France que Maurice Duverger qualifie de régime « semi-présidentiel ». Enfin, le critère utilisé pour construire la catégorie – la séparation des pouvoirs – est perfectible (Francis Hamon et Michel Troper, *Droit constitutionnel*, LGDJ, 2017). Séparer les pouvoirs signifie les rendre à la fois indépendants (il faut que « le pouvoir arrête le pouvoir » disait Montesquieu) et spécialisés (le pouvoir judiciaire ; le pouvoir exécutif ; le pouvoir législatif). Or, le régime parlementaire respecte la spécialisation mais pas l'indépendance puisque les pouvoirs publics sont mutuellement interdépendants. À l'inverse, le régime présidentiel respecte l'indépendance (absence de lien entre le président et le Congrès aux États-Unis) mais n'assure pas la spécialisation (le président dispose du droit de veto exerçant ainsi la fonction législative ; le Sénat est un organe législatif et judiciaire). En somme l'expression « régime présidentiel » signifie que dans un État le chef de l'exécutif (le président) est élu, n'est pas responsable de son action devant le Parlement et ne possède pas le droit de dissolution des députés. Quant à l'expression « régime parlementaire », elle indique globalement que l'État fonctionne avec un chef de gouvernement responsable politiquement devant le Parlement : les ministres sont tenus de démissionner si les députés ne les soutiennent plus.

II. La séparation verticale des pouvoirs

Le principe de la séparation des pouvoirs s'étend aux structures territoriales de l'État. Deux types de constitution territoriale se distinguent : l'État unitaire (**A**) et l'État fédéral (**B**).

A– L'État unitaire

1. Généralités sur les États unitaires

L'État unitaire désigne, en droit constitutionnel, une catégorie d'États sans pour autant constituer un modèle. En effet, les États unitaires ne se ressemblent pas toujours dans leurs modes d'organisation, en particulier dans le degré d'autonomie conféré aux entités locales (notamment aux régions). Le point commun de cette catégorie réside dans la détention par l'État du monopole d'exercice du pouvoir central : les sujets de l'État sont soumis à l'autorité d'un seul gouvernement ; un droit issu d'un unique législateur s'applique sur l'ensemble du territoire. Ceci étant dit, l'État accepte bien souvent de transférer, en les contrôlant, certaines compétences administratives et législatives à certaines catégories de collectivités locales. Ces transferts de compétences (la « décentralisation ») restent, le plus souvent, rétractables. Il existe, en Europe continentale, de nombreux États unitaires dont les origines intellectuelles se trouvent en grande partie dans l'organisation territoriale de l'administration napoléonienne de la France du début du XIXe siècle. Parmi ces

États figurent la France, le Danemark, l'Espagne, la Finlande, l'Italie, la Grèce, la Norvège, le Portugal et la Suède. À cette liste, il convient désormais d'ajouter les principaux États membres de l'Union européenne: la Bulgarie, Chypre, l'Estonie, la Hongrie, la Lettonie, la Lituanie, Malte, la Pologne, la République tchèque, la République slovaque, la Roumanie, la Slovénie.

2. Le cas particulier de la République française

La France est une république indivisible qui administre son territoire par la déconcentration. Cette technique d'agencement du pouvoir consiste à nommer des autorités du pouvoir central dans des circonscriptions administratives locales (départements et régions pour la France). Historiquement, Napoléon fut le premier à inventer un corps de fonctionnaires, les préfets, chargés de représenter l'autorité centrale dans les départements français (loi 28 pluviôse an VIII – 17 février 1800). Cette technique d'administration de l'État est une forme de « centralisation par personnes interposées » qui fonctionne suivant le principe hiérarchique : les agents de l'État déconcentrés doivent obéir aux agents de l'État central. Concrètement, les administrations centrales, avec le ministre à leur tête, impulsent des décisions que doivent appliquer les administrations locales. Le préfet joue le rôle de chef des administrations localisées et établit un relais entre le centre et la périphérie (les régions et départements représentent des circonscriptions administratives où s'implantent les services de l'État). En France, chaque département est administré par un préfet; le préfet de département du chef-lieu d'une région est également préfet de région. Le caractère unitaire de l'État en France se combine avec une « organisation décentralisée » du territoire. La décentralisation consiste à conférer une certaine autonomie administrative à des collectivités territoriales qui possèdent le statut de personnes morales distinctes de l'État : les communes, les départements et surtout les régions se voient transférer, depuis les lois dites de décentralisation de mars 1982 (l'Acte I de la décentralisation) de nouvelles compétences. Contrairement à la déconcentration, la décentralisation ne se présente donc pas comme un aménagement interne à l'État puisqu'elle concerne des personnes morales distinctes du pouvoir central. En vertu du principe de la libre administration des collectivités territoriales, les compétences transférées par l'État sont exercées par des organes élus (la décentralisation implique une démocratisation) : pour la commune, le conseil municipal dirigé par le maire; pour le département, le conseil général dirigé par un président; et pour la région, le conseil régional dirigé par un président. La liste des compétences de chaque catégorie de collectivités décentralisées porte sur des matières administratives réparties en bloc par la loi. À titre d'exemple, les compétences en matière d'urbanisme relèvent de la commune selon la loi du 7 janvier 1983. Celles relatives

à l'aide sociale sont du ressort du département, en vertu de la loi du 22 janvier 1983. La région est spécialisée dans la formation professionnelle et l'apprentissage, d'après la loi du 6 janvier 1986. La réforme constitutionnelle du 28 mars 2003 (l'Acte II de la décentralisation) confère également aux collectivités territoriales métropolitaines le droit de « déroger, à titre expérimental et pour un objet et une durée limités, aux dispositions législatives ou réglementaires qui régissent l'exercice de leurs compétences » (art. 72 C). Cependant, cette possibilité – qui reste « expérimentale » – ne supprime pas le contrôle de l'État sur les collectivités décentralisées.
La France métropolitaine compte ainsi trois grands niveaux de collectivités territoriales. Les **communes** (plus de 36 000) ont succédé en 1789 aux anciennes paroisses. Le maire, qui est élu par le conseil municipal, est à la fois un représentant de l'État dans la commune (il détient des compétences en matière d'état civil et de police administrative) et le détenteur du pouvoir exécutif local (il prépare et exécute les décisions du conseil municipal). Depuis la loi du 12 juillet 1999 (modifiée par la loi du 16 décembre 2010), plusieurs communes mettent en commun la gestion de certains services publics et l'élaboration de certaines politiques publiques. Pour ce faire, sont créés des établissements publics de coopération intercommunale (EPCI), qui sont des personnes publiques sans être des collectivités territoriales. Depuis la loi du 17 mai 2013, les conseillers communautaires qui siègent dans l'organe délibérant de l'intercommunalité à fiscalité propre sont élus en même temps que les conseillers municipaux. Dans les grandes agglomérations de plus de 400 000 habitants, la loi prévoit la création de « métropoles » dont le statut est actuellement réglementé par la loi du 27 janvier 2014.
Les **départements** sont au nombre de cent-un, dont 96 en métropole. Créés en 1789 en tant que circonscriptions de l'État, ils sont depuis 1871 des collectivités territoriales. Le conseil départemental (expression issue de la loi du 17 mai 2013 qui remplace l'ancien « conseil général »), qui est l'assemblée délibérante du département, est renouvelé par moitié tous les trois ans. La suppression des départements est l'une des orientations que le gouvernement envisage de réaliser d'ici 2021.
Les **régions** (désormais au nombre de 13) sont de création plus récente. La loi du 2 mars 1982 reconnaît le statut de collectivité territoriale aux régions mais ce n'est qu'en 1986 qu'a eu lieu la première élection du conseil régional au suffrage universel. Le rapport du Comité pour la réforme des collectivités locales présidé par Édouard Balladur (2009) a insisté sur deux axes prioritaires en matière de refondation du territoire métropolitain : une modification de la structure des collectivités locales et une amélioration de la répartition des compétences de ces collectivités et de leurs moyens financiers. Le Comité préconisait en particulier de diminuer de 22 à 15 le nombre de régions et de favoriser le regroupement des départements. À la suite de ces propositions, la loi du 16 décembre 2010 promeut la région qui devient la collectivité

chef de file; la loi n°2015-29 du 16 janvier 2015 relative à la délimitation des régions redessine les 13 régions et prévoit l'entrée en vigueur de la nouvelle carte régionale à compter du 1er janvier 2016 ; la loi n°2015-991 portant sur la Nouvelle Organisation Territoriale de la République (NOTRe) renforce les responsabilités régionales et elle procède à une répartition des compétences des départements et des régions. La loi du 27 janvier 2014 dite « de modernisation de l'action publique territoriale et d'affirmation des métropoles » avait déjà proposé une clarification des compétences respectives des différentes catégories de collectivités territoriales tout en réintroduisant la clause générale de compétence des collectivités territoriales. En somme, une certaine confusion règne pour rendre plus lisible le millefeuille territorial français.
La Corse bénéficie d'une organisation institutionnelle spécifique, permettant une plus grande autonomie de gestion. Son existence est désormais inscrite à l'article 72-5 de la Constitution depuis la réforme de 2018.
Les départements et régions d'outre-mer (DROM) que sont la Guadeloupe, la Martinique, la Guyane, la Réunion et Mayotte (depuis 2011) sont soumis, en vertu de l'article 73 de la Constitution, au régime d'assimilation législative. Ils exercent les compétences de droit commun des départements mais ils sont aussi associés aux négociations internationales et disposent d'un pouvoir de proposition plus important. La révision constitutionnelle de 2018 prévoit que ces collectivités régies par l'article 73 auront la possibilité de fixer elles-mêmes les règles applicables sur leur territoire dans des domaines limités. Une habilitation préalable devra être consentie à cet effet par décret en Conseil des ministres (après avis du Conseil d'État). Une loi de ratification devra être adoptée dans les vingt-quatre mois suivant l'habilitation si les règles concernées relèvent du domaine de la loi. De leur côté, les collectivités d'outre-mer (COM) sont soumises au principe de spécialité législative, régi par l'article 74 de la Constitution : une loi organique définit le statut de chaque collectivité et énumère les lois qui y sont applicables. Les assemblées locales peuvent élaborer des règlements relevant du domaine de la loi, à l'exclusion des matières régaliennes. Les COM sont la Polynésie française, Saint-Barthélemy, Saint-Pierre et Miquelon, Wallis et Futuna. Enfin, la Nouvelle-Calédonie est régie par les dispositions des articles 76 et 77 de la Constitution.
La réforme constitutionnelle de 2018 conserve les distinctions entre les collectivités territoriales de droit commun, les collectivités territoriales à statut particulier et les collectivités d'outre-mer de l'article 73 et de l'article 74 C. Elle permet à certaines collectivités – dans des conditions à définir par une loi organique – de se voir attribuer des compétences dont ne dispose pas l'ensemble des collectivités de la même catégorie. De plus, certaines collectivités auront la possibilité de déroger aux dispositions législatives ou règlementaires qui régissent leur compétence.

En somme, la révision constitutionnelle introduit une dose de différenciation entre des collectivités territoriales d'une même catégorie.

B– Le fédéralisme

Le fédéralisme correspond à la forme constitutionnelle d'un État au sein duquel plusieurs ordres juridiques coexistent. La fédération se compose d'États fédérés, qualifiables d'ordres juridiques partiels, chapeautés par un État fédéral. L'État fédéral et les États fédérés sont associés dans un pacte fédéral. Cette association implique que les entités fédérées participent à titre permanent à l'exercice du pouvoir fédéral. La participation est généralement réalisée grâce à une seconde chambre – Sénat américain ; *Bundesrat* allemand – où est représenté chaque État fédéré. Toute constitution fédérale instaure toujours un bicamérisme.

Chaque État fédéré exerce des compétences législatives et administratives.

Il possède des institutions distinctes de celles de l'État fédéral et sa propre constitution. Ainsi aux États-Unis, l'État fédéré dispose d'une véritable organisation constitutionnelle : un gouverneur par État, un organe parlementaire votant les lois de l'État. La législation varie selon les États, l'exemple de la peine de mort, autorisée dans certains États des États-Unis et pas dans d'autres reste le plus frappant ! Les juristes évoquent sur ce point le principe d'autonomie de l'État fédéré. Toutefois, les États fédérés ne disposent pas d'une plénitude de compétences. Les États fédérés ne peuvent prétendre à la personnalité juridique des États selon le droit international. Ils ne disposent jamais du droit de recourir à la force – à l'exception de l'Ukraine et de la Biélorussie qui exerçaient, pour des raisons historiques, une compétence internationale dans l'ancienne URSS.

L'État fédéral, lui, détient la souveraineté plénière. Cela engendre deux conséquences majeures. D'abord, le droit fédéral prime sur le droit des États fédérés. Ensuite, l'État fédéral participe à l'exercice des relations internationales au nom des États fédérés et il maîtrise les compétences militaires.

Le fédéralisme est une forme de constitution territoriale qui connaît un indéniable succès. Les États dont le territoire est très étendu adoptent le fédéralisme (à l'exception notable de la Chine) : c'est le cas des États-Unis d'Amérique, de l'Australie, de la Fédération de Russie, du Canada, du Brésil, du Mexique et de l'Inde. En Europe, la Belgique, la Suisse, l'Autriche, l'Allemagne fonctionnent selon les règles du fédéralisme.

Le fédéralisme se distingue d'une autre forme d'association d'États qui se nomme la confédération. Dans une confédération, les associés – les États – acceptent, par un traité international, d'exercer en commun des compétences tout en conservant leurs compétences souveraines. Cette forme d'alliance entre des souverains ne présente qu'un intérêt historique. Classiquement, deux formules entraient dans la catégorie des confédérations : les unions personnelles (un monarque ou un dirigeant était à la tête de deux ou plusieurs États comme, par exemple, la Belgique et le Congo belge à partir de 1885) et les unions réelles (mise en commun de compétences régaliennes par deux États dirigés par une même personne à l'image de l'Autriche-Hongrie à partir de 1867). Le passage de la confédération à la fédération marque parfois la création d'un État fédéral. Dans ce cas, celui-ci vient se superposer aux autres États dits fédérés (cette hypothèse correspond au « fédéralisme par agrégation » selon l'expression du grand internationaliste du XXe siècle, Georges Scelle). La Suisse, désignée officiellement par l'expression trompeuse de « Confédération helvétique », fut une véritable confédération entre 1815 et 1848 puis se transforma en État fédéral. L'État fédéral peut cependant ne pas dériver d'une confédération. Certains États fédéraux résultent de l'association d'entités non étatiques telles que des provinces ou des territoires (comme au Canada, en Australie ou en Inde). Plus rarement, un État unitaire peut décider de devenir un État fédéral (voir l'exemple de la Belgique). Dans ce cas, on évoque « le fédéralisme par dissociation » (Georges Scelle, 1943).

chapitre 5

Le régime politique du Royaume-Uni

Le régime politique du Royaume-Uni (expression utilisée pour désigner la réunion de l'Angleterre, de l'Écosse, de l'Irlande du Nord et du pays de Galles) a inventé la notion moderne de démocratie, les techniques du régime parlementaire et la pratique des déclarations de droits. Mêlant le respect de la tradition et de la modernité constitutionnelle, la monarchie constitutionnelle fait figure de modèle. C'est en observant le régime anglais que Montesquieu élabore, au XVIIIe siècle, la théorie du gouvernement modéré. À l'inverse, c'est en réaction au système politique britannique que se constituera le régime des États-Unis d'Amérique à la fin du XVIIIe siècle.

La Grande-Bretagne ne connaît pas de constitution écrite. Cela ne signifie pas pour autant que cet État n'a pas de constitution politique. La Constitution britannique est coutumière. « Par Constitution, écrit Bolingbroke en 1733, nous entendons cet assemblage de lois, d'institutions, de coutumes, qui découlent des principes immuables de la raison et tendent à certains éléments immuables du bien public et composent le système général, selon lequel la communauté est convenue d'être gouvernée. » Cette définition apporte deux enseignements. D'abord, certaines sources écrites disposent d'une portée fondamentale, au sens de constitutionnelle, pour l'exercice du pouvoir. Tel est le cas, par exemple, de certaines lois comme la Grande Charte de 1215, *l'Habeas Corpus* de 1679 ou, plus récemment, les *Parliament Acts* de 1911 et 1949. Ensuite, le régime anglais s'appuie sur la tradition, sur l'histoire, pour dégager et consacrer empiriquement ses principes de gouvernement.

Le *Fixed-term Parliaments Act* du 15 septembre 2011 confirme une évolution du droit constitutionnel britannique : le Parlement adopte des textes législatifs constitutionnels par leur objet afin d'organiser le pouvoir. La loi de 2011 prohibe le principe de l'utilisation anticipée du droit de dissolution à partir de 2015. La Chambre des députés (les Communes) doit par principe, achever son mandat de 5 ans. Si des exceptions sont toutefois prévues à cette exigence de renouvellement « à terme fixe », il faut bien voir dans cette loi une tentative d'encadrement par le droit écrit des pratiques politiques.

I. La formation historique du régime britannique

Deux de ces principes, qui dérivent de pratiques anciennes dont il convient de retracer brièvement les grandes lignes, structurent les caractères du régime britannique : la souveraineté du Parlement (**A**) et le régime parlementaire (**B**).

A– Le principe de la souveraineté du Parlement

Ce principe est l'un des plus anciens du droit britannique puisqu'il remonte à 1688, date de la « Glorieuse Révolution » anglaise (qui marque la victoire de la Chambre des communes sur l'absolutisme royal). Il a été résumé dans une formule bien connue du grand juriste Dicey : « Le parlement a le droit de faire ou ne pas faire une loi quelconque » (Dicey, 1908), manière de dire que le Parlement britannique est souverain. Mais ici le terme « Parlement » ne renvoie pas seulement à l'organe parlementaire, comme en Europe continentale. Le *Parliament* désigne la réunion du roi, de ses ministres et des deux chambres (la Chambre basse, les Communes et la Chambre haute, les Lords).

1. La formation historique du Parlement britannique

Le Parlement britannique s'est construit progressivement entre le XIe et le XVIIe siècle. À l'époque féodale, l'Angleterre est un territoire colonisé où cohabitent difficilement le pouvoir royal et l'autorité locale de nombreux vassaux. Par la Grande Charte *(Magna Carta)* de 1215, le roi Jean sans Terre accorde des droits et privilèges aux membres de son Grand Conseil, institution réunissant les barons et chevaliers qui donnent leur avis au monarque. La portée politique de la Grande Charte est fondamentale : le roi accepte certaines limitations à son autorité en accordant des privilèges à ses vassaux. Ces derniers obtiennent en particulier le droit de consentir à l'impôt. De son côté, le roi dispose du droit de sanction à l'égard des lois parlementaires (la sanction est le consentement royal à ce qu'une loi entre en vigueur). Au cours du XIVe siècle, le Grand Conseil se transforme en deux chambres : la Chambre basse, les Communes, rassemble les chevaliers et bourgeois représentant les comtés et les villes. La Chambre haute, les Lords, rassemble les prélats et barons. Ces deux chambres participent au pouvoir législatif, mais à la condition d'être réunies par le roi. Elles ne siègent pas en permanence mais uniquement lorsque le roi les convoque. Le processus législatif correspond à un partage des fonctions entre les assemblées et le monarque : les premières rédigent des projets de loi que le roi transforme en *statute* (loi). Mais le roi peut opposer un droit de veto contre

un projet de loi émanant des chambres. Et il dispose du pouvoir de légiférer seul par « ordonnances ».
Avec la dynastie des Tudor (1485-1603), le pouvoir royal tente de retirer aux deux chambres le consentement à l'impôt et exerce seul le pouvoir législatif : c'est la période de la monarchie absolue. La couronne, refusant de partager le pouvoir avec les parlementaires, ne convoque plus les assemblées. Et lorsque le monarque réunit la Chambre des communes, il abuse du droit de dissolution afin de briser toute résistance durable émanant de l'assemblée populaire.
La dynastie des Stuart (1603-1649) va alors devoir affronter la contestation parlementaire et civile. C'est la période des révolutions : 1648, d'abord, puis 1689. En 1648, le roi Charles Ier est déchu, arrêté puis décapité en 1649. La République est alors proclamée par Cromwell et s'installera jusqu'en 1660, date de la restauration de la monarchie par Charles II.
Le retour de la monarchie absolue, avec Charles II puis Jacques II, entraîne une nouvelle contestation parlementaire. Un courant politique, les *whigs* (opposés aux *tories*), propose alors de contraindre le roi à accepter un compromis avec les chambres : la monarchie doit accepter le principe de l'annualité de l'impôt, la convocation permanente des chambres et la participation systématique du Parlement au vote des lois. En retour, le monarque retrouve durablement sa couronne. Le 13 février 1689 est signé le *Bill of rights* qui entérine cet accord.
La fin du XVIIe siècle voit donc l'apparition d'un gouvernement mixte : le Parlement, auteur de la loi, se compose d'un roi et de ses ministres, de l'aristocratie (les Lords) et du peuple (les Communes). Ce gouvernement complexe pratique la « balance des pouvoirs » (décrit dans les *Deux traités du gouvernement* de John Locke publié en 1690) dans la mesure où les trois organes législatifs partiels se font équilibre. C'est cette formule de séparation des pouvoirs qui sert de modèle à Montesquieu dans le chapitre VI du livre XI de *De l'esprit des lois* (1748).

2. La portée juridique du principe de la souveraineté du Parlement

Le principe de la souveraineté du Parlement a une double portée juridique. Il implique que le Parlement n'est pas limité dans son pouvoir de faire la loi et qu'il n'est pas non plus contrôlé par un juge.
La portée juridique immédiate du principe de la souveraineté du Parlement concerne la puissance absolue de la loi parlementaire. Dans ses *Commentaires sur les lois d'Angleterre* (*Commentaries on the Laws of England*, 1765), William Blackstone constate que le Parlement britannique peut faire ce qu'il veut : « Il fait tout ce qui n'est pas naturellement impossible. » Cette affirmation reste d'actualité.

Concrètement, le produit parlementaire, la loi, est un acte de souveraineté. Le domaine législatif est illimité : la loi peut porter sur n'importe quelle matière ; il n'existe pas de séparation entre le domaine de la loi ordinaire et le domaine de l'administration, la loi pouvant revêtir une portée générale comme une portée individuelle, concerner les matières les plus nobles comme les plus élémentaires. De plus, la valeur juridique de la loi est suprême en droit anglais : il n'y a pas de règle de droit supérieure à la loi.

La conséquence majeure de cette suprématie normative de la loi est l'absence de distinction entre lois ordinaires et lois constitutionnelles. À ce sujet, la Constitution anglaise est dite « souple » : la révision d'un principe matériellement constitutionnel (c'est-à-dire d'un principe qui intéresse l'organisation, l'exercice et la transmission du pouvoir politique et la protection des droits individuels) s'effectue par une loi ordinaire. Ainsi, lorsque le Parlement a décidé de codifier certains droits fondamentaux en intégrant la Convention européenne des droits de l'homme en droit anglais, il a adopté, en 1998, le *Human Rights Act* qui rend le traité européen applicable dans l'ordonnancement juridique britannique. Cette loi a la même valeur juridique que les autres même si son objet possède une dimension constitutionnelle.

La seconde grande conséquence du principe de la souveraineté du Parlement concerne l'absence de contrôle juridictionnel de la loi. Les juges anglais ne disposent pas du pouvoir de vérifier la conformité au droit d'un acte adopté par le Parlement. Par conséquent, ils ne sauraient contrôler les lois. La Grande-Bretagne est l'un des rares États à ne pas pratiquer le contrôle de constitutionnalité des lois parlementaires.

Cette absence de contrôle de la loi ne signifie pas pour autant que le juge anglais ne détient pas de pouvoir. Au contraire ! Le système anglo-saxon laisse une grande place à l'intervention des juges et la jurisprudence y joue un rôle déterminant dans la création du droit. Les tribunaux exercent deux compétences fondamentales : l'interprétation de la loi écrite *(statute law)* et la création de la loi coutumière *(common law)*. De ces deux sources du droit anglais, la *common law* est la plus ancienne et celle qui règle la plupart du temps les rapports entre les personnes privées, la loi écrite se contentant d'y apporter des correctifs. Une tendance récente démontre que le pouvoir des juges à l'égard de la loi s'est renforcé. Depuis l'apparition du *Human Rights Act* du 9 novembre 1998, les tribunaux sont chargés d'appliquer la loi de façon à la rendre compatible avec la Convention européenne des droits de l'homme. En cas d'impossibilité de trouver une interprétation conforme entre les deux textes, le juge déclare la loi écrite incompatible, ce qui a pour conséquence d'en suspendre l'application au bénéfice de la Convention. Tout se passe donc comme si la Convention avait une valeur supérieure à celle des lois.

B– Le principe du régime parlementaire

Le régime parlementaire va naître en Grande-Bretagne au moment où les membres du gouvernement (appelé le *Cabinet*) vont devenir responsables devant la Chambre des communes (c'est-à-dire répondre de leurs actes en démissionnant à la suite d'une perte de confiance parlementaire). Un régime se dénomme parlementaire à partir du moment où les organes de l'exécutif et les organes législatifs exercent un contrôle mutuel et disposent de techniques d'influence réciproques. L'exécutif peut exiger le renouvellement de la chambre des députés par l'usage du droit de dissolution ; en retour, la Chambre basse peut renverser le gouvernement en votant une motion de défiance à son encontre. Cette forme de pratique des pouvoirs apparaît progressivement en Angleterre au XVIIIe siècle, sans nécessairement donner lieu à une théorie du régime parlementaire (il faut attendre le XIXe siècle pour voir s'élaborer une doctrine du parlementarisme, notamment chez William Bagehot).

L'arrivée au trône des princes de Hanovre (1714) favorise l'autonomie du Cabinet, le roi laissant les ministres gouverner. Ces derniers prennent l'habitude de se réunir hors de la présence du monarque. Le Cabinet, dont la direction est assurée par un Premier ministre, devient peu à peu responsable de ses actes devant la Chambre des communes.

La responsabilité des ministres devant les Communes est d'abord individuelle et pénale. L'*impeachment* (procédure d'accusation déclenchée par les députés contre un membre de l'exécutif qui se voit jugé par les Lords) joue le rôle de moyen de pression sur chaque ministre. Lorsque la majorité de la Chambre des communes s'oppose à une décision du gouvernement, elle menace de poursuivre le ministre coauteur (avec le roi) de la décision au moyen de l'*impeachment*. Voilà pourquoi un ministre hésitait à contresigner un acte du roi (ce dernier étant intouchable) : il savait que sa responsabilité pénale pouvait être engagée devant les chambres. Sur le fondement de ce mécanisme, le Premier ministre Walpole démissionne en 1742 afin d'éviter une mise en accusation devant les chambres. On considère que ce précédent marque le point de départ de la responsabilité individuelle des ministres devant les chambres.

En 1782, la responsabilité du gouvernement se transforme en une responsabilité collective et politique. Les membres du gouvernement de Lord North démissionnent collectivement alors même que celui-ci n'est pas menacé par la procédure de l'*impeachment*. En fait, cette démission est le résultat d'une perte de confiance du gouvernement devant la Chambre des communes. C'est pour des motifs politiques (la perte de confiance) que le gouvernement est sanctionné ; la sanction n'entraîne pas de peine prononcée à l'encontre des ministres (elle n'est donc pas pénale) mais elle débouche sur la démission des membres du gouvernement (caractérisant la sanction politique). Même s'il faut un certain temps pour que cette pratique soit considérée comme obligatoire, elle est devenue à la fin du XIXe siècle une pratique constitutionnelle stable, une convention de la Constitution. Elle confirme l'un des grands principes du régime parlementaire : la perte de confiance du Parlement envers un gouvernement implique la démission de ce dernier.

II. Les institutions politiques contemporaines

Les institutions du régime constitutionnel britannique sont marquées par une stabilité apparente. Le Parlement *(Parliament)* est toujours formé de la réunion des chambres, du gouvernement et de la couronne. En réalité, l'examen de l'organisation et des attributions de chacune de ces trois composantes souligne le passage de profondes évolutions institutionnelles.

Le caractère le plus saillant du Royaume-Uni reste la concentration du pouvoir au profit du Premier ministre. À la tête du Cabinet, organe restreint où siègent les ministres de son choix, le chef du gouvernement maîtrise le pouvoir exécutif et le pouvoir législatif : s'il reste formellement parlementaire, le régime britannique fonctionne comme un régime présidentialisé. Face à cette hégémonie de l'exécutif (**A**), la couronne et la Chambre des Lords résistent (**B**).

A– L'hégémonie du Premier ministre

Le Premier ministre de Grande-Bretagne est, sans doute, l'un des personnages les plus puissants des démocraties occidentales. Sa puissance tient autant dans le soutien inconditionnel de sa majorité parlementaire (sous cet aspect la situation du président des États-Unis est plus aléatoire car il doit parfois affronter une majorité du Congrès qui lui est hostile) que dans le fait qu'il dirige seul le gouvernement. Le « bicéphalisme » anglais ne ressemble guère au « bicéphalisme » à la française : si, au Royaume-Uni, la direction de l'exécutif est partagée entre deux autorités – le monarque et le chef du gouvernement – seul le Premier ministre conduit effectivement la politique gouvernementale. Il cumule les fonctions de chef du gouvernement et de chef de la majorité de la Chambre des communes.

Premiers ministres depuis 1940

Winston CHURCHILL (conservateur) 1940-1945
Clement ATTLEE (travailliste) 1945-1951
Winston CHURCHILL (conservateur) 1951-1955
Anthony EDEN (conservateur) 1955-1957

Harold MACMILLAN (conservateur) 1957-1963
Alec DOUGLAS-HOME (conservateur) 1963-1964
Harold WILSON (travailliste) 1964-1970
Edward HEATH (conservateur) 1970-1974
Harold WILSON (travailliste) 1974-1976
James CALLAGHAN (travailliste) 1976-1979
Margaret THATCHER (conservateur) 1979-1990
John MAJOR (conservateur) 1990-1997
Tony BLAIR (travailliste) 1997-2007
Gordon BROWN (travailliste) 2007-2010
David CAMERON (conservateur) 2010-2016
Theresa MAY (conservateur) 2016-…

1. Le Premier ministre, chef du gouvernement

Le Premier ministre choisit les membres qui composeront son gouvernement et dispose du droit de les révoquer. Il peut, par ailleurs, créer les portefeuilles ministériels qu'il estime nécessaires.

De collaborateurs du monarque, les membres du gouvernement sont devenus, depuis la seconde moitié du XXe siècle, des collaborateurs du Premier ministre. Les structures gouvernementales sont toutes dirigées par le Premier ministre qui concentre l'essentiel des pouvoirs exécutifs en Grande-Bretagne.

Le gouvernement se compose dans sa version élargie du ministère. Cet organe rassemble une centaine de personnes qui demeurent collectivement responsables devant le Parlement de la politique qu'ils mènent. Font partie du ministère, les ministres, les secrétaires d'État, les sous-secrétaires d'État, les secrétaires parlementaires choisis essentiellement parmi les membres du parti majoritaire à la Chambre des communes. La règle du cumul des fonctions ministérielles et parlementaires favorise la discipline de vote des députés issus du parti majoritaire. Cette solidarité parlementaire est également assurée par certains membres de l'assemblée appelés *whips* (fouet) dont la mission consiste à donner des consignes de vote aux députés de base (appelés *backbenchers*) du groupe parlementaire.

Le noyau dur du ministère s'appelle le Cabinet. Il se compose d'un petit nombre de ministres sélectionnés par le Premier ministre (vingt membres environ). Les portefeuilles les plus importants figurent habituellement dans le Cabinet : c'est, par exemple, le cas du chancelier de l'Échiquier (ministre des Finances), du secrétaire au *Foreign Office* (ministre des Affaires étrangères), du ministre de la Défense, du ministre du Commerce et de l'industrie. Originalité du système britannique, un ministre des Affaires d'Écosse, un ministre du pays de Galles et un ministre d'Irlande du Nord siègent également dans le Cabinet.

La solidarité ministérielle implique une exigence de soutien réciproque entre les membres du gouvernement. En cas de désaccord avec la politique conduite par le Cabinet, un ministre doit démissionner (opposé à la décision de Tony Blair d'engager les troupes britanniques dans le conflit irakien, Robin Cook, membre du Cabinet, a démissionné en mars 2003).

Le gouvernement (Cabinet et ministères) fixe les orientations de la politique générale du pays. Il décide, avec l'appui de la majorité aux Communes, du contenu de la politique intérieure et étrangère de la Grande-Bretagne. À ce titre, le gouvernement a l'initiative des lois et il dirige l'administration (*Civil service*).

En pratique, c'est le Premier ministre qui fixe les réunions gouvernementales et qui détermine l'ordre du jour du Cabinet et des chambres. Par ce biais, le chef du gouvernement décide de l'orientation de la politique nationale. Ses attributions constitutionnelles apparaissent d'ailleurs très importantes : il cumule les fonctions de chef de la diplomatie, de chef des armées, de chef du trésor (il porte le titre de Premier Lord de la trésorerie) et de chef de l'administration (il exerce le pouvoir de nomination des hauts fonctionnaires placés à la tête des ministères).

Enfin, le chef du gouvernement prend des décisions sans nécessairement consulter les membres du Cabinet. Ces actes primoministériels peuvent avoir une nature exécutive ou législative. De plus en plus fréquemment, la Chambre des communes habilite l'exécutif à prendre des « décrets-lois » dans certaines matières. Le Premier ministre exerce ainsi un pouvoir législatif par délégation.

2. Le Premier ministre, chef de la majorité de la Chambre des communes

Selon une convention de la Constitution qui date de 1894, le Premier ministre est nécessairement un député à la Chambre des communes, leader du parti politique ayant remporté les élections générales. Il est officiellement nommé par la reine mais en réalité, comme on l'a souligné, c'est le parti politique qui l'a préalablement sélectionné et le peuple qui l'a choisi.

Les élections générales aux Communes depuis 1979

3 mai 1979	Conservateur	339 (sièges)	53,3 (% de sièges)
9 juin 1983	Conservateur	397	61
11 juin 1987	Conservateur	376	57,8
9 avril 1992	Conservateur	336	51,6
1er mai 1997	Travailliste	419	63,5
7 juin 2001	Travailliste	412	62,5

5 mai 2005	Travailliste	356	55
6 mai 2010	Conservateur	306	46,5
7 mai 2015	Conservateur	330	50,8
8 juin 2017	Conservateur	318	48,9

Chef de la majorité parlementaire, le Premier ministre britannique incarne la présidentialisation du régime parlementaire : cette tendance désigne le fait que la majorité parlementaire s'est transformée en instrument du chef du gouvernement, celui-ci exerçant sur les députés une réelle autorité. À cet égard, le locataire du *10 Downing Street* dispose de prérogatives importantes lui permettant d'imposer sa toute-puissance sur la Chambre des communes. Toutefois, le *Fixed-term Parliaments Act* de 2011 retire au Premier ministre le droit d'utiliser le droit de dissolution de façon inconditionnée. Depuis 2015, le chef du gouvernement britannique est dans l'obligation de déclencher la dissolution dans la situation suivante : en cas de motion de censure adoptée par la chambre des Communes contre le gouvernement suivi d'un refus d'accorder la confiance, 14 jours plus tard, au gouvernement en place.

→ L'organisation de la Chambre des communes

La Chambre des communes regroupe les députés élus par le corps électoral au suffrage universel. Son organisation et ses attributions soulignent la soumission de cette ancienne institution au Premier ministre.

Les 650 membres de la Chambre des communes sont élus en principe pour une durée de cinq ans (*Fixed-term Parliaments Act* de 2011). Mais il n'est pas rare qu'une dissolution intervienne en cours de mandat pour anticiper la date des élections générales. Cette pratique montre que l'usage du droit de dissolution en Grande-Bretagne est stratégique. La dissolution n'est pas une sanction contre l'assemblée des députés, comme elle l'est en France dans la conception gaulliste (à l'exception de la dissolution d'avril 1979 déclenchée par le Premier ministre Callaghan suite au renversement de son gouvernement). Elle représente, pour le parti du Premier ministre, une arme électorale permettant de choisir un moment jugé opportun pour provoquer des élections générales (ce fut par exemple le cas pour les dissolutions de 1951, 1955, 1959, 1966, 1983, 2001 et 2005 qui ont conforté la majorité parlementaire du Premier ministre en place). Depuis 2015, le droit de dissolution est conditionné. Outre le cas de la dissolution automatique pour cause de censure du gouvernement, le *Fixed-term Parliaments Act* prévoit l'hypothèse de l'auto-dissolution par la Chambre des communes à la majorité des 2/3 des députés.

Le mode de scrutin des élections à la Chambre des communes est le scrutin majoritaire uninominal à un tour. L'élection a, par principe, lieu un jour de semaine (le jeudi). Le vainqueur est le candidat de la circonscription qui obtient le plus grand nombre de voix. Comme on l'a souligné, ce mode de scrutin oblige les électeurs à « voter utile » et il incite les candidats à s'affilier soit au parti conservateur, soit au parti travailliste (le scrutin favorise la bipolarisation). Son inconvénient tient au fait qu'il ne facilite pas l'émergence de nouveaux courants politiques. De plus, il est envisageable qu'un parti politique minoritaire en voix soit majoritaire aux Communes (en 1951 les conservateurs remportent 321 sièges avec 48 % des voix tandis que les travaillistes n'obtiennent que 295 sièges avec 48,8 % des voix ; en 2001, les travaillistes obtiennent 62,5 % sièges avec 40 % des voix). Le mode de scrutin favorise une surreprésentation du parti majoritaire. Lors des élections de 2010, le parti arrivé en tête n'obtint pas à lui seul la majorité des sièges. Cette configuration politique obligea alors le leader du parti Conservateur, David Cameron, à former un gouvernement de coalition avec les démocrates-libéraux, troisième formation politique avec 57 sièges à la Chambre.

Le fonctionnement de la Chambre des communes a évolué depuis l'apparition de cette assemblée. Pour bien marquer son indépendance face à la couronne, l'assemblée des députés siège théoriquement en permanence. En réalité, la Chambre ne siège que durant six mois. Chaque session s'ouvre par le discours du Trône, qui n'est autre que la lecture solennelle par le monarque devant les députés d'un texte de politique générale écrit par le Premier ministre.

Les Communes sont présidées par un *Speaker* (depuis 1377). La tradition veut qu'il reste impartial et soit réélu jusqu'à la fin de son mandat en cas de dissolution (le *Speaker* n'appartient donc pas nécessairement au parti majoritaire). La majorité siège à sa droite ; l'opposition à sa gauche. En 1992, une femme du parti travailliste accède pour la première fois à cette fonction.

La Chambre, de dimension très étroite (seul deux tiers des députés peuvent effectivement y siéger) n'est pas disposée en hémicycle mais en forme rectangulaire. Cette configuration accentue le tête-à-tête entre majorité et opposition. Les questions au gouvernement se déroulent plus fréquemment qu'en France et donnent lieu à des débats souvent passionnés, à l'image de ceux portant sur la sortie de l'Union européenne (Brexit) en février 2017.

→ Les attributions de la Chambre des communes

La Chambre des communes participe à la fonction législative. Elle possède théoriquement l'initiative des lois, mais ce droit s'exerce en concurrence avec le gouvernement qui propose, en pratique, la plupart des textes. De plus, en vertu d'une convention de la Constitution, les députés ne sauraient proposer une loi créant une dépense nouvelle ou aggravant les finances de l'État. L'exécutif maîtrise l'initiative des dépenses publiques. La pratique privilégie donc les textes d'origine gouverne-

mentale : 90 % des lois proviennent du Cabinet. Le Premier ministre est ainsi assuré de pouvoir faire adopter prioritairement ses projets de loi.
La procédure parlementaire revêt une originalité. Avant d'examiner article par article le texte soumis au vote parlementaire, les députés procèdent à la discussion générale sur la loi (en France, on procède d'abord au passage d'un texte en commission avant la phase de délibération en assemblée plénière). Ce n'est qu'une fois cette étape de la délibération législative achevée que les membres des Communes examinent, article par article, le texte de loi dans des commissions. Ces dernières sont soit permanentes (seize commissions de dix membres comme la Commission de la législation communautaire, la Commission des finances), soit temporaires (composées de cinquante membres, elles se prononcent ponctuellement sur un texte précis). Les lois les plus importantes (lois de finance ; lois communautaires) sont examinées par la Commission de la Chambre entière. Ces commissions permettent un contrôle des parlementaires sur l'action du gouvernement.
Les textes de lois sont ensuite soumis à un second passage devant l'assemblée plénière. Les députés exercent alors le droit d'amendement. Ils proposent individuellement une motion (des modifications au texte de la loi) qui peut être, à la suite d'un débat organisé par le *Speaker*, soit rejetée, soit adoptée, soit amendée.
La pratique parlementaire démontre que, comme dans tout régime parlementaire, la Chambre des députés britannique entérine la plupart du temps les projets de loi émanant de l'exécutif. Le « fait majoritaire », ce soutien inconditionnel de la majorité gouvernementale à l'égard du gouvernement, explique la perte d'influence des députés dans la détermination du contenu des lois. D'autre part, la responsabilité politique du gouvernement reste un principe non effectif. Au XXe siècle, deux cabinets ont été renversés par le vote d'une motion de censure : en 1924 (Cabinet de Mac Donald) et en 1979 (Cabinet de Callaghan). Mais ces deux exceptions s'expliquent par la configuration parlementaire de l'époque. Ces deux gouvernements ne disposaient pas du soutien d'un parti politique majoritaire aux Communes. L'alliance qu'ils avaient conclue avec un petit parti s'est finalement retournée contre eux le jour où les députés du parti d'appoint ont refusé de continuer à apporter leur soutien. La disparition d'un troisième parti de la scène politique nationale entraîne l'improbabilité du retour de ce scénario. Depuis 1979, le bipartisme fonctionne « normalement » : le Premier ministre est assuré de disposer d'une majorité de députés issue de son parti politique. Les élections du 8 juin 2017 provoquées par Theresa May dans le but de conforter son autorité pour négocier le Brexit, l'ont au contraire affaiblie en réduisant le nombre de députés conservateurs à la Chambre des Communes. Bien que majoritaire, le chef de l'exécutif se trouve politiquement fragilisé.

La Chambre des communes présente surtout l'intérêt d'apparaître comme l'enceinte où s'exprime l'opposition lors des débats relatifs aux questions d'actualité ou lors des délibérations sur les lois. Le droit parlementaire confère un tiers du temps de travail de l'assemblée à un ordre du jour fixé par l'opposition. Le *Speaker* dispose du droit d'accorder des séances supplémentaires à des débats sollicités par la minorité des députés. Ces débats, fortement médiatisés, permettent à l'opinion publique d'être informée et éventuellement de peser sur la politique gouvernementale.
L'opposition dispose d'un véritable statut constitutionnel. À titre d'exemple, le chef du parti minoritaire aux Communes porte le titre de leader de l'opposition. Il est reconnu officiellement par la reine et reçoit une indemnité spéciale à ce titre. Le Premier ministre le consulte régulièrement, notamment dans les cas où une alliance nationale est recherchée (en avril 1982 le Premier ministre, Margaret Thatcher, a pris la décision d'intervenir aux Îles Malouines en prenant soin d'y associer formellement le leader de l'opposition, Michael Foot). Le parti politique minoritaire organise systématiquement un « gouvernement fantôme » *(Shadow Cabinet)* pour succéder au gouvernement en place. Il y a donc une institutionnalisation de l'opposition qui rend l'alternance possible à tout moment.

B– La résistance des institutions traditionnelles

Le Royaume-Uni reste uni, suite à la victoire du « non » au référendum sur l'indépendance de l'Écosse du 18 septembre 2014. La sortie du Royaume-Uni de l'Union européenne (le Brexit), décidée lors du référendum du 23 juin 2016, peut néanmoins fragiliser cette unité. L'Écosse, qui a majoritairement voté en faveur du maintien dans l'Union européenne, a officiellement demandé, le 31 mars 2017 par la voix de Nicola Sturgeon, Premier ministre, le droit de « pouvoir organiser un second référendum d'indépendance ». La Grande-Bretagne reste, pour l'heure, une monarchie constitutionnelle qui a conservé ses institutions traditionnelles. Même si les pouvoirs de la couronne ont notablement décliné, l'institution conserve certaines prérogatives en matière de représentation de l'État. Pour sa part, la Chambre des lords, qui associait traditionnellement l'aristocratie à l'exercice du pouvoir législatif, n'a pas le dernier mot pour voter la loi.

1. L'attachement des Britanniques à la couronne

La couronne, institution détenue par la famille des Windsor depuis 1701 (la reine Elisabeth II règne depuis 1952), symbolise l'État britannique. Le titulaire de la couronne règne sur le Royaume-Uni et porte le titre de « chef de l'Église d'Angleterre » et « chef du *Commonwealth* » (anciens dominions composés jadis de nombreux territoires regroupant notamment l'Inde, le Canada, l'Australie, la Nouvelle-Zélande et l'Afrique du Sud). Le relâchement des liens unissant la Grande-Bretagne à ses anciennes colonies a progressivement ôté la puissance politique du « chef du *Commonwealth* ». L'Afrique du Sud et l'Inde ont acquis, depuis les années 1950, une indépendance totale à l'égard du Royaume-Uni. Le Canada possède, depuis 1982, sa propre Constitution (mais la reine d'Angleterre y porte toujours le titre de chef de l'État). L'Australie, dotée d'une Constitution depuis 1986, a organisé un référendum, en 1999, afin de changer de forme de gouvernement : les citoyens ont refusé d'abandonner la monarchie pour y substituer la république. La reine d'Angleterre est donc toujours le chef de l'État mais cette mission reste honorifique. C'est le Premier ministre australien qui apparaît comme le véritable titulaire des pouvoirs d'État.

La fonction idéologique de la couronne apparaît sans doute comme l'élément explicatif du maintien de la monarchie : « Car la fonction du monarque exige avant tout d'être visible : il est d'abord le symbole physique de l'État, de la communauté nationale » (Journes, *L'État britannique*, 1994, p. 238). La crise qui a affecté la famille royale dans les années 1990, est révolue. La Reine Elisabeth, qui a célébré son Jubilé de Diamant au printemps 2012, bénéficie d'un incontestable soutien populaire. Le *Succession to the Crown Act* de 2013 a, par ailleurs, amorcé une modernisation des règles en matière de succession à la Couronne en supprimant le principe traditionnel de la préférence mâle.

Le monarque détient officiellement des pouvoirs et privilèges en matière constitutionnelle, que l'on appelle « la prérogative royale ». Selon les conventions de la Constitution, il lit le discours du Trône qui ouvre la session parlementaire. Il convoque, proroge ou dissout la Chambre des communes. Il exerce le pouvoir de promulgation des lois (selon la formule : « le roy le veult »). Il nomme le Premier ministre. Il commande les armées, nomme les hauts fonctionnaires, exerce le droit de faire grâce, possède la compétence de conclure des engagements internationaux. Il a le droit de faire la guerre et la paix. Ces compétences apparemment très vastes, le monarque ne les exerce pas. Conformément à la règle coutumière « le roi règne mais ne gouverne pas », c'est le Premier ministre qui applique au quotidien les prérogatives de la couronne.

La reine Elisabeth II (qui a battu le record de longévité à la tête de l'État) joue toutefois une sorte de magistrature d'influence auprès du Premier ministre. Chaque semaine (le mardi en fin d'après-midi), une rencontre privée est organisée entre Sa Majesté et le Premier ministre. La volonté des chefs de gouvernement successifs de participer régulièrement à cette rencontre – y compris des Premiers ministres « réformistes » comme Tony Blair – confirme l'attachement de la classe politique à l'égard de la couronne.

Le monarque est assisté par un Conseil privé, survivance de l'époque où le roi, assisté de son Conseil, gouvernait effectivement. Composé de membres nommés à vie, le Conseil privé est chargé d'enregistrer les principaux actes législatifs et exécutifs (qui doivent toujours être présentés comme des actes formellement « pris par la reine en son Conseil » bien qu'ils émanent, en réalité, du Cabinet).

2. La survivance de la Chambre des lords

La seconde chambre de Grande-Bretagne est historiquement la première : elle puise ses origines dans le *Magnum Concilium* des XIIe et XIIIe siècles. Son organisation est profondément remise en cause par une réforme de 1999. Ses attributions se réduisent au fil du temps.

→ La réforme de la composition de la Chambre des lords

La Chambre des lords a fonctionné jusqu'en 1999 suivant des principes hérités du Moyen Âge. La caractéristique principale de cette assemblée reste, pendant longtemps, l'exclusion du principe de l'élection au profit de la nomination pour désigner les Lords. Deux modalités sont traditionnellement utilisées pour nommer les pairs (c'est ainsi que l'on désigne les membres de la Chambre des lords) : l'hérédité ou le choix.

L'hérédité est le mode de sélection le plus archaïque et le plus symbolique. Depuis le XIIIe siècle, lorsqu'un baron qui a régulièrement siégé à la Chambre des lords décède, son héritier lui succède. La Chambre des lords en est venue ainsi à n'être composée par cette coutume constitutionnelle que des héritiers d'anciens Lords. Ce mode de recrutement s'appelle la pairie héréditaire.

Le choix est le second mode de sélection des membres de la Chambre. Par tradition, l'Église anglicane désigne une vingtaine de Lords spirituels. Ce rite trouve ses origines au XIIIe siècle, époque où des archevêques siégeaient au Conseil du roi. Mais surtout, une réforme de 1958 (*Life Peerage Act*) ouvre l'accès de la Chambre des lords à des personnalités nommées pairs à vie par la reine et choisies en fait par le Premier ministre. Ce système de pairie viagère fut introduit pour recruter de nouveaux Lords et renforcer la légitimité de la seconde chambre (en permettant notamment aux travaillistes d'avoir des Lords nommés pour atténuer la surreprésentation des conservateurs).

En 1999, sur 1 148 Lords, 641 sont des pairs héréditaires, 482 des Lords à vie, 25 des Lords spirituels.

Le 11 novembre 1999, le Premier ministre a demandé à la reine de promulguer l'acte visant à réduire le droit de membre de la Chambre des Lords en vertu d'une pairie héréditaire *(House of Lords Act)*. Son article 1 dispose : « Nul ne pourra être membre de la Chambre des Lords en vertu d'une pairie héréditaire. » Ainsi, l'acte du 11 novembre 1999 affiche la volonté de mettre fin à l'archaïsme de la Chambre des Lords. Le droit comparé montre que le mode de sélection de la seconde chambre tel qu'il se pratique en Grande-Bretagne apparaît comme une singularité. L'élection est le mode dominant à l'étranger, soit à titre exclusif (France, Pays-Bas), soit alternativement à d'autres modes de sélection. Par exemple, en Belgique (autre monarchie constitutionnelle) les sénateurs sont élus dans leur majorité par la population, d'autres sont élus par des conseils provinciaux, d'autres sont cooptés et enfin, les membres de la famille royale sont nommés à titre héréditaire. Mais l'Espagne (qui est également une monarchie constitutionnelle) ne prévoit aucun mode de recrutement par l'hérédité.

Il est vrai que l'acte du 11 novembre 1999 ne supprime pas totalement la pairie héréditaire : à titre transitoire, 92 pairs héréditaires continueront de siéger. La question de la composition définitive de la Chambre n'est toujours pas définitivement réglée. Sur ce point le rapport de Lord Wakeham de janvier 2000 proposait plusieurs solutions institutionnelles. Un projet de loi du 17 mai 2011 envisageait de diminuer à 300 le nombre de Lords en prévoyant une représentation hybride de 80 % d'élus et de 20 % de pairs. La nomination de pairs par le Premier ministre contribue au rééquilibrage politique de la Chambre haute. En janvier 2018, la Chambre des Lords se composait de 795 membres.

→ La perte d'influence de la Chambre des lords

Depuis 1876, la Chambre des lords jouait officiellement le rôle de la juridiction suprême dans l'État en matière civile et criminelle (la demande d'extradition du général Pinochet a ainsi été tranchée par les Lords judiciaires en octobre 1998 et mars 1999). En réalité, seulement douze Lords judiciaires remplissaient exclusivement cette fonction qui équivaut à celle qu'exerce, en France, la Cour de cassation. Le transfert de ce pouvoir judiciaire à une instance indépendante (la Cour suprême, composée de douze magistrats nommés par le monarque sur proposition du Premier ministre) a été décidé en 2005. La nouvelle juridiction est entrée en fonction 1er octobre 2009.

Les Lords jouent désormais le rôle d'une Chambre de réflexion mais ils n'exercent aucun pouvoir décisionnel en matière législative (depuis le vote des *Parliament Acts* de 1911 et 1949). Ils peuvent théoriquement opposer un veto d'un an contre un texte de loi (ce fut récemment le cas, en 2000, à propos d'un projet de loi sur les crimes sexuels). Mais une convention constitutionnelle les empêche de s'opposer à un texte adopté par les Communes dans la mesure où celui-ci traduit l'un des aspects du programme politique du parti ayant remporté les élections générales.

La survivance de la Chambre des Lords s'explique sans doute par la grande qualité des débats parlementaires qui y règne. Depuis le début du Brexit, la haute assemblée inflige une série de revers au gouvernement de Theresa May en rejetant les textes de lois tirant les conséquences du retrait de l'Union européenne. À titre illustratif, les Lords ont voté contre le rejet de la Charte des droits fondamentaux de l'Union européenne du droit britannique le 23 avril 2018.

chapitre 6

Le régime présidentiel des États-Unis d'Amérique

En septembre 1774, au congrès de Philadelphie, douze colonies anglaises décident de rédiger une Constitution écrite afin de consacrer leurs droits et libertés face au Royaume-Uni. La Déclaration d'indépendance du 4 juillet 1776 symbolise le rejet définitif de l'emprise de la couronne sur les populations du continent américain. L'indépendance, obtenue notamment grâce à l'alliance militaire de 1778 signée entre le royaume de France et les Américains, sera officiellement reconnue par le Royaume-Uni en 1783 par la signature du traité de Versailles. La naissance des États-Unis débute par la rédaction de la Constitution entre 1783 et 1787. Réunis à Philadelphie en congrès, cinquante-cinq représentants des treize colonies vont élaborer un texte constitutionnel original.

La Constitution de 1787 pose le principe de la fédération. Deux ordres de gouvernement sont ainsi reconnus : l'État fédéral d'une part (le gouvernement fédéral siège à Washington D.C.), compétent principalement en matière de politique étrangère, de défense et de commerce ; les États fédérés d'autre part, compétents pour légiférer dans les autres domaines comme la justice, l'instruction, les droits individuels ou la santé. Les États-Unis comptent aujourd'hui cinquante États, chacun étant dirigé par un gouverneur et possédant sa Constitution, ses lois, votant son budget et fixant sa politique intérieure indépendamment du pouvoir fédéral.

Texte constitutionnel le plus ancien, la Constitution de 1787 consacre un système original de gouvernement, qualifié improprement de régime présidentiel. Contrairement à une idée reçue, le président des États-Unis (**1**) ne peut pas gouverner sans la collaboration du Parlement, appelé « Congrès » (**2**).

I. Le président des États-Unis

Dirigeant la première puissance du monde, le président des États-Unis est souvent présenté comme l'homme le plus puissant de la planète. S'il est vrai qu'il cumule les fonctions de chef de l'État et de chef du gouvernement (la Constitution de 1787 dispose en son article 2 que « le pouvoir exécutif est confié à un président »), l'examen de son statut (**A**) et des compétences (**B**) qu'il exerce témoigne d'une puissance bridée : le président est potentiellement le pouvoir investi des compétences les plus importantes dans l'État et sur la scène internationale, mais il ne peut les exercer sans l'accord du Congrès. John F. Kennedy affirmait en ce sens : « Le président est un homme disposant de pouvoirs exceptionnels qu'il exerce dans d'exceptionnelles limitations. »

A– Le statut présidentiel

Élu indirectement par le peuple dans le cadre d'une procédure particulièrement complexe, le président des États-Unis n'est pas à l'abri d'une procédure de révocation, l'*impeachment* (l'expression désigne une mise en accusation ayant théoriquement une nature pénale), à la demande du Congrès.

1. L'élection présidentielle

Le président des États-Unis est élu pour un mandat de quatre ans, renouvelable une seule fois. Adopté en 1951, le XXIIe amendement à la Constitution précise : « Nul ne sera élu plus de deux fois aux fonctions de président – et nul, s'il a occupé ou exercé les fonctions de président pendant plus de deux années pour lesquelles un autre que lui avait été élu aux fonctions de président, plus d'une fois. »

L'élection de Donald Trump en 2016, en fait le 45e président depuis George Washington (1789-1797). À ce jour, seuls Dwight Eisenhower (1953-1961), Ronald Reagan (1981-1989), Bill Clinton (1992-2000), George W. Bush (2000-2008) et Barack Obama (2008-2016) ont accompli deux mandats complets. Franklin D. Roosevelt fait figure d'exception puisqu'il est resté au pouvoir durant plus de trois mandats (1933-1945). Depuis 1951, cette longévité n'est plus possible.

→ Les conditions pour se présenter

Le candidat à la présidence doit être né citoyen américain sur le territoire des États-Unis, être âgé de 35 ans au moins, avoir résidé quatorze ans aux États-Unis. Pour concourir avec des chances de l'emporter, le candidat doit être présenté par l'un des deux grands partis : le parti républicain ou le parti démocrate. Sans nécessairement

se distinguer par leur idéologie, les deux partis représentent des structures (on parle parfois de « machines ») destinées à gagner l'élection présidentielle. En dehors de la période électorale, le parti politique ne s'exprime pas.
Le parti sélectionne ses candidats (président et vice-président) suivant une procédure en deux temps. Dans les États fédérés, chaque parti désigne, suivant des modalités variables (la modalité la plus répandue reste les élections primaires ouvertes dans chaque État soit à l'ensemble des électeurs, soit aux seuls électeurs affiliés dans un parti ; il est possible que le choix des candidats incombe uniquement aux grands responsables du parti et aux militants actifs lors d'une réunion appelée *caucus*), les délégués qui voteront lors du Congrès national en faveur d'un ticket (candidats à la présidence et à la vice-présidence). À l'échelon national, chaque parti investit officiellement son candidat lors de la Convention nationale.

→ Le mode de scrutin

Le président et le vice-président sont élus selon un mode électoral indirect. Dans un premier temps, le peuple américain vote pour des grands électeurs qui, dans un second temps, éliront le président et le vice-président. Dans chaque État fédéré, le mardi qui suit le premier lundi de novembre, le peuple américain élit au suffrage universel direct (depuis 1868) les grands électeurs qui s'engagent à investir l'un des deux tickets.
Le mode de scrutin majoritaire de liste à un seul tour permet, en principe, de connaître le nom du futur président dès la fin de cette première étape. Chaque État dispose d'un nombre défini de grands électeurs (proportionnel au nombre d'élus au Congrès), le nombre total de grands électeurs étant de 538 (100 sénateurs, 435 représentants, 3 grands électeurs représentant le district de Columbia dans lequel est située la capitale, Washington, dont les habitants ne sont pas représentés au Congrès). La liste des grands électeurs qui arrive en tête dans chaque État remporte la totalité des sièges de l'État : en conséquence, le président est le candidat qui emporte le plus grand nombre de grands électeurs le soir du vote par le peuple américain. Ce système électoral peut conduire à un paradoxe : le candidat majoritaire en nombre de grands électeurs peut être minoritaire en suffrages exprimés par le corps électoral. Lors de l'élection de l'an 2000, George W. Bush a remporté l'élection avec 271 grands électeurs contre 267 pour son adversaire, le démocrate Al Gore, bien que ce dernier ait récolté un plus grand nombre de voix d'électeurs américains : 50,3 % contre 49,7 % pour le vainqueur. L'élection présidentielle de 2000 n'a pas permis de connaître le nom du vainqueur. Il a fallu attendre plus d'un mois pour que la Cour suprême accorde la victoire au candidat George W. Bush. Un problème de décompte des voix en Floride, suite à un défaut de perforation de certains bulletins, a soulevé une immense controverse. Le sort de l'élection était suspendu au décompte manuel des bulletins litigieux,

recomptage autorisé par les juges de l'État de Floride. En se saisissant de cette affaire et en refusant de tenir compte des voix contestées de la Floride, la Cour suprême, par son arrêt *Bush vs. Gore* du 12 décembre 2000, a déclaré vainqueur le candidat républicain, par cinq juges contre quatre.

En 2016, Donal Trump est élu avec une majorité de grands électeurs. Il a néanmoins obtenu 2,9 millions de voix de moins que son adversaire, Hillary Clinton. L'importance de l'écart relance les débats, aux États-Unis, sur le système du collège électoral.

L'élection officielle du président par les grands électeurs se déroule le lundi qui suit le second mercredi de décembre. Le vainqueur doit rassembler au moins 270 suffrages de grands électeurs. À défaut, le Congrès choisit le président et le vice-président : la Chambre des représentants élit le président (à la majorité absolue, chaque État disposant d'une seule voix) et le Sénat désigne le vice-président (hypothèse rencontrée en 1825 pour l'élection du président John Quincy Adams).

Le Président est installé dans ses fonctions le 20 janvier de l'année qui suit celle de son élection lors d'une cérémonie (l'inauguration) où il prête serment sur la Bible devant le président de la Cour suprême.

→ Le rôle du vice-président

Le vice-président (en 2017, Mike Pence) ne joue pas un rôle actif tant que le président élu assure ses fonctions, à l'exception de la présidence, toute symbolique, du Sénat des États-Unis. Sa présence est destinée à assurer, en cas de problème, la continuité de la présidence. Deux situations entraînent le remplacement du président par le vice-président : l'incapacité temporaire du président (George H. Bush a provisoirement remplacé Ronald Reagan au moment où ce dernier fut victime d'un attentat en 1981) et la vacance présidentielle consécutive au décès (suite à l'assassinat du président Kennedy en 1963, Lyndon Johnson est devenu président. Trois présidents ont été assassinés avant Kennedy : Lincoln, en 1865 ; Garfield en 1881 et McKinley en 1901), à la démission (la démission de Richard Nixon, éclaboussé par l'affaire du Watergate en 1974, n'a cependant pas permis à son vice-président initial, Spiro Agnew, de lui succéder. En 1973, suite à la démission de ce dernier, Richard Nixon désigne Gerald Ford pour le poste. La vacance présidentielle de 1974 permet donc à un vice-nommé de devenir président des États-Unis. Gerald Ford est l'unique président à n'avoir pas été élu par le peuple américain) ou à la destitution du président.

Le vice-président a le droit de se présenter à l'élection présidentielle (cas de Al Gore, vice-président de Bill Clinton entre 1992 et 2000, candidat malheureux face à George W. Bush lors des élections de 2000). S'il a remplacé le Président pendant une durée supérieure à deux ans, il ne pourra exercer plus d'un mandat.

2. La responsabilité présidentielle

Le système américain est souvent présenté comme l'archétype du régime de séparation stricte des pouvoirs : « Chacun paraît enfermé dans sa fonction et isolé dans un rôle » (Jean Gicquel). Le Président exerce sa mission constitutionnelle en toute indépendance n'étant pas, comme dans un régime parlementaire, responsable de sa politique devant le Congrès. Autrement dit, le principe de la responsabilité politique proprement dite de l'exécutif devant le Parlement n'existe pas aux États-Unis.

La Constitution prévoit cependant une procédure d'*impeachment* qui permet à l'organe législatif de contrôler, dans une certaine mesure, l'exécutif. Les fonctionnaires, les secrétaires (ministres) et le président peuvent être mis en accusation par la Chambre des représentants et jugés par le Sénat en cas de trahison, corruption ou autres crimes ou délits graves.

La mise en accusation du Président, qui reste exceptionnelle – deux présidents ont été poursuivis : Andrew Johnson en 1868 et Bill Clinton en 1998. Richard Nixon préféra démissionner, en 1974, au moment où la Chambre des représentants allait voter sa mise en accusation suite à l'affaire du Watergate –, relève de la compétence de la Chambre des représentants, sur recommandation de la commission judiciaire de cette assemblée. En cas d'accusation votée par la majorité simple des membres de la Chambre, le Sénat s'érige en tribunal sous la présidence du *Chief Justice* (chef de la Cour suprême). Chargés de se prononcer sur la culpabilité du Président, les sénateurs statuent à la majorité des deux tiers, ce qui évite, dans une certaine mesure, une politisation excessive de la procédure. Les éventuelles peines prononcées se limitent à la révocation ou à la destitution du président.

La question de la nature, pénale ou politique, de cette forme de responsabilité de l'exécutif, et en particulier du président, devant le Congrès, reste incertaine. Classiquement, les auteurs insistaient sur les différences entre les mécanismes parlementaires de la responsabilité politique et l'*impeachment* pour en déduire la nature exclusivement pénale de la procédure américaine. Le doyen Vedel écrit, dans son manuel de 1949 : « On ne trouve rien qui ressemble à la responsabilité politique du régime parlementaire dans lequel, comme on l'a vu pour la Grande-Bretagne, le maintien en fonction des ministres est subordonné à la confiance de la chambre élue. En raison du caractère populaire de la désignation du président et de la séparation plus stricte des pouvoirs, l'*impeachment* a conservé son caractère pénal et ne s'est point transformé en un instrument quotidien de contrôle politique des assemblées sur l'exécutif. » (*Manuel élémentaire de droit constitutionnel*, p. 66-67). La justesse de cette analyse n'empêche pas de retrouver certaines caractéristiques d'une responsabilité politique dans la procédure de l'*impeachment*. Les motifs de déclenchement de cette responsabilité ne sont pas exclusivement liés à l'accomplissement d'une faute pénale grave, comme le prouve la mise en accusation du président démocrate Bill Clinton par le vote de la Chambre des représentants le 19 décembre 1998. Les acteurs de la procédure n'adoptent jamais une attitude impartiale et neutre, se distinguant radicalement de la figure du juge. En 1998, saisie par un procureur spécial particulièrement déterminé à nuire au président, la Chambre des représentants, composée majoritairement de républicains, s'est fondée sur des agissements de la vie intime de Bill Clinton (il lui a été reproché de nier sous serment sa liaison avec une jeune stagiaire de la Maison-Blanche, Monica Lewinsky) pour le traduire devant le Sénat. Le 12 février 1999, les sénateurs – reconnaissant implicitement la trivialité des faits reprochés – ont rejeté l'accusation de parjure, permettant ainsi au président d'achever son mandat.

B – Les pouvoirs présidentiels

La lecture de la Constitution des États-Unis ne permet pas de cerner l'étendue et l'intensité des pouvoirs présidentiels. Les relations politiques entre le président et le Congrès, la conjoncture internationale et le tempérament des hommes contribuent, en marge du droit, à façonner la puissance présidentielle. Dans la première version de son ouvrage *De la démocratie en Amérique*, Alexis de Tocqueville rappelle cette évidence : « Si la vie de l'Union était sans cesse menacée, si ses grands intérêts se trouvaient tous les jours mêlés à ceux d'autres peuples puissants, on verrait le pouvoir exécutif grandir dans l'opinion. [...] Le président des États-Unis possède des prérogatives presque royales, dont, jusqu'à présent, il n'a pas l'occasion de se servir, et les droits dont il peut user sont très circonscrits : les lois lui permettent d'être fort, les circonstances le maintiennent faible. » (Tocqueville, 1835, p. 140).
A minima, le président des États-Unis exerce les missions de chef de l'exécutif fédéral. En période de troubles, comme c'est le cas depuis les attentats du 11 septembre 2001, le Président se présente comme le protecteur de la nation, se voyant octroyer des pouvoirs exceptionnels par le Congrès.

1. Les pouvoirs de chef de l'exécutif fédéral

Chef du gouvernement fédéral, le président dirige les secrétaires, dont les secrétaires d'États (au nombre de quatorze), placés à la tête des différents ministères. Il est, à ce titre, investi par la Constitution du pouvoir réglementaire et exerce en collaboration avec le Congrès un pouvoir de nomination et de révocation des agents fédéraux (juges et fonctionnaires). Depuis 1921, il détient le pouvoir de proposer au Congrès le budget annuel fédéral. Mais la négociation budgétaire avec le Congrès reste souvent délicate

pour le président, surtout lorsque la majorité de la Chambre des représentants et/ou du Sénat est hostile au chef de l'exécutif : les représentants et les sénateurs ont toujours le dernier mot en matière financière.
Contrairement aux chefs de l'exécutif des principaux régimes parlementaires, le président des États-Unis n'est pas en mesure de dissoudre l'organe parlementaire ni d'imposer l'initiative législative. La Constitution lui permet de soumettre des recommandations au Congrès, notamment lors de la lecture annuelle du message sur l'état de l'Union. Il dispose, par ailleurs, de relais au sein des chambres – grâce aux représentants et sénateurs de son parti – susceptibles de présenter des textes dont il est l'inspirateur. Il possède également le droit de convoquer les chambres en session extraordinaire.
Sa participation à la fonction législative s'exprime surtout de manière négative. Le président, par le droit de veto, peut empêcher l'adoption d'un texte par le Congrès (contrairement au droit de veto du roi dans la première Constitution française du 3 septembre 1791, le veto présidentiel américain n'est pas suspensif). La jurisprudence de la Cour suprême indique que ce droit s'exerce sur l'ensemble d'une loi, et non sur certaines de ses dispositions (Cour suprême, 26 juin 1998, *Clinton vs. New York*). Il faut une majorité des deux tiers dans chacune des deux assemblées pour surmonter le veto. En pratique, cette arme présidentielle s'avère redoutablement efficace comme en atteste l'expérience de la présidence de Franklin D. Roosevelt : entre 1933 et 1945, il opposa 635 vetos dont seulement 9 ont été levés par le Congrès. La menace du veto incite les deux chambres à procéder à des modifications des textes concernés. Dans ce cas, le veto devient un moyen de pression sur le Congrès incitant à procéder à des amendements négociés avec l'administration de la Maison-Blanche.
Le président des États-Unis possède les compétences traditionnelles d'un chef d'État. Il commande les forces armées de l'Union, dirige la politique étrangère, négocie et signe les traités internationaux, accrédite les ambassadeurs. Il possède également certains attributs liés à la fonction judiciaire. Il nomme les juges à la Cour suprême. Il détient le droit de grâce pour les crimes et délits fédéraux. Les attentats du 11 septembre 2001 sont venus rappeler qu'en temps de guerre ou de crise, le président peut se voir accorder par le Congrès des prérogatives de protecteur de la nation.

2. Les pouvoirs de protection de la nation

Lorsque les États-Unis s'engagent dans un conflit ou menacent de le faire (comme lors de la crise des missiles de Cuba en 1962, totalement gérée par le président Kennedy assisté du Conseil national de sécurité), le président devient *de facto* le chef des armées chargé de protéger les ressortissants américains et d'assurer l'intégrité du territoire américain.

Théoriquement, la décision de déclarer la guerre relève du Congrès. En réalité, la volonté présidentielle de riposter à une menace suffit à déclencher la force armée la plus puissante du monde. Ainsi, les interventions militaires en Corée (1950), au Vietnam (1964), au Nicaragua (1983), au Panamá (1983), en Haïti (1994) et en Serbie (1999) résultent de décisions présidentielles qui ont été entérinées *a posteriori* par le Congrès (tel est le cas de la résolution d'avril 1964 par laquelle le Congrès autorise le président « à prendre toutes les mesures nécessaires, y compris l'emploi de la force armée [...] » au Nord-Vietnam). Dans le cas de l'intervention en Haïti, l'hostilité des organes parlementaires est restée sans effet sur la politique américaine. Le Congrès a dû se contenter de demander au Président un retrait rapide des troupes militaires. Bien qu'une loi du 7 novembre 1973 interdise au chef de l'État américain d'écarter la Chambre des représentants et le Sénat du processus décisionnel en matière militaire, on voit mal un Parlement désavouer la politique étrangère du chef de la nation (la Cour suprême refuse de sanctionner un président qui ne respecterait pas la loi de 1973).

Les attentats du 11 septembre 2001 ont amplifié la puissance militaire présidentielle. Le président George W. Bush s'est vu accorder les pleins pouvoirs pour lutter contre les terroristes tant à l'intérieur des États-Unis qu'à l'étranger (un précédent a déjà eu lieu en 1941 suite aux attentats de Pearl Harbor. Le président Roosevelt a exercé temporairement des pouvoirs de crise dérogatoires au droit commun). La résolution 23 du 14 septembre 2001 du Congrès autorise le président à employer « toute force nécessaire et appropriée » pour lutter contre les nations, les organisations ou les personnes ayant planifié ou commis des actes terroristes. Le président, assisté par le Conseil de sécurité, a donc le droit de « combattre par tous les moyens » les ennemis des États-Unis. Cette reconnaissance a permis au chef de l'exécutif de la première puissance mondiale de frapper militairement le territoire de l'Afghanistan (opération baptisée « Liberté pérenne », déclenchée le 15 octobre 2001), zone supposée héberger les troupes du réseau terroriste d'*Al-Qaida* ; d'envahir l'Irak et de renverser le régime de Saddam Hussein (seconde guerre du Golfe déclenchée en mars 2003, sans l'autorisation du Conseil de sécurité des Nations unies, afin de procéder à la destruction d'armes – toujours introuvables – de destruction massive) ; de retenir en détention sur l'île de Guantanamo, dans des conditions contraires au droit international, des personnes, de nationalité américaine ou d'une autre nationalité, soupçonnées d'appartenir à des réseaux terroristes ou de les soutenir ; de proposer des mesures – appelées *Anti-Terrorism Act* – contraires aux droits et libertés établis par la Constitution comme la capacité pour toute agence de renseignements à procéder à des écoutes téléphoniques sans l'accord d'un juge. Doté, sur le plan militaire, d'une puissance impériale, le président des États-Unis ne ressemble cependant pas à un dictateur à la romaine. Car en dehors de la sphère – certes importante – de la politique de défense, son autorité reste contrôlée par le Congrès dans le domaine de la politique intérieure et internationale.

II. Le Congrès

L'expression « Congrès » désigne le Parlement fédéral qui personnifie les États-Unis (dans ses décisions la Cour suprême utilise l'expression *United States* pour parler du Congrès). Il exerce des missions constitutionnelles de première importance, notamment dans l'exercice du pouvoir législatif. En 2017, les républicains sont majoritaires dans les deux Chambres du Congrès. Le Président Trump, lui-même républicain, doit néanmoins collaborer avec les parlementaires dans les domaines de la politique intérieure et des relations internationales.
Le Congrès possède une structure bicamérale. La forme fédérale de la Constitution des États-Unis explique la présence des deux chambres dont l'une assure la représentation des États fédérés, le Sénat (**A**), l'autre représente le peuple américain, la Chambre des représentants (**B**).

A- Le Sénat

Le Sénat jouit d'un prestige qui est sensiblement plus grand que celui de la Chambre des représentants dans la mesure où il exerce seul deux types de fonctions particulières : il donne son accord aux nominations présidentielles, aux emplois fédéraux et il ratifie les traités internationaux par un vote à la majorité des deux tiers (en 1920, le Sénat refusa de ratifier le traité de Versailles de 1919 signé par le président Thomas W. Wilson). Le président Kennedy n'hésitait d'ailleurs pas à qualifier l'institution de « club le plus fermé du monde ».
Le nombre de sénateurs est fixé à cent : chaque État fédéré désigne deux sénateurs lors des élections sénatoriales qui sont organisées au suffrage universel direct suivant le mode de scrutin majoritaire à un tour (l'assemblée se renouvelle par tiers tous les deux ans). La durée du mandat de sénateur est fixée à six ans. Pour être candidat, il faut avoir au moins 30 ans, posséder la nationalité américaine depuis au moins neuf ans et habiter l'État de candidature.
Le Sénat siège théoriquement sous la présidence du vice-président des États-Unis. Ce dernier ne dispose du droit de vote qu'en cas de partage des voix. En fait, un

président *pro tempore* supplée le vice-président dans cette fonction. La procédure parlementaire reste assez empirique comme le prouve la pratique, révolue, du *filibustering* : un sénateur pouvait prendre la parole pendant des jours afin de retarder le vote d'une loi. Cette technique dilatoire est supprimée depuis 1979. Toutefois, il n'est pas rare que certaines interventions sénatoriales durent une centaine d'heures. Pour pouvoir éviter les blocages mis en œuvre par les sénateurs hostiles au président, le parti de ce dernier doit disposer d'une majorité d'au moins soixante sénateurs. Cette barre étant très difficile à atteindre, le Sénat se présente la plupart du temps comme un réel contre-pouvoir.

Les vingt commissions permanentes du Sénat s'attachent à confectionner les textes de lois, sous l'influence notable des groupes de pression *(lobbies)* et en collaboration avec les commissions de la Chambre des représentants. Les propositions de loi peuvent être déposées soit au Sénat, soit à la Chambre des représentants. Elles sont toujours examinées dans les commissions du Congrès. Les éventuels désaccords entre les deux chambres sur le contenu d'un texte se règlent dans des commissions de conciliation ou dans des commissions conjointes, composées d'élus des deux assemblées. Les deux chambres votent la loi sur un pied d'égalité : en cas de refus de la part du Sénat ou de la Chambre des représentants, le projet échoue.

Depuis le 3 janvier 2017, le Sénat est à majorité républicaine (51 sénateurs républicains contre 47 sénateurs démocrates et 2 indépendants rattachés aux démocrates).

B– La Chambre des représentants

La Chambre des représentants se compose de 435 membres, élus au suffrage universel direct pour deux ans dans le cadre de circonscriptions internes aux États fédérés. Chaque État compte un certain nombre de représentants (au minimum un, tel le Wyoming) en proportion de sa population. Les opérations de découpage électoral peuvent modifier la répartition des sièges de représentants entre États. Contrôlées par la Cour suprême, ces opérations, qui se déroulent dans chaque État tous les deux ans, favorisent toujours – bien que de manière moins marquée que par le passé (selon la technique du *gerrymandering*, héritée du gouverneur du Massachusetts, Elbridge Gerry) – la majorité sortante.

L'éligibilité à la Chambre suppose de remplir trois conditions : être américain depuis sept ans, avoir au moins 25 ans et résider dans l'État de candidature.

La présidence de la Chambre est assurée par un *Speaker* choisi dans le parti majoritaire. Son rôle est actif. Le *Speaker* dirige les débats, il juge la recevabilité des amendements et répartit les textes dans les vingt-six commissions permanentes de l'assemblée dont il nomme certains membres. Il est également très impliqué dans le combat politique, n'hésitant pas à s'opposer directement au président. La création de

commissions d'enquête chargées de contrôler les services publics et l'administration fédérale est l'un des pouvoirs les plus importants de la Chambre (prérogative qu'elle partage, du reste, avec le Sénat). Ces commissions *ad hoc* confèrent aux parlementaires de véritables prérogatives juridictionnelles, ces derniers détenant le droit de convoquer et d'interroger les agents fédéraux ou les membres du gouvernement.
Par rapport au Sénat, la Chambre des représentants assure deux attributions constitutionnelles spécifiques. Elle peut être sollicitée pour élire le président dans l'hypothèse où aucun candidat ne réunit, suite à l'élection populaire, le seuil des 270 grands électeurs pour devenir le président de la Maison-Blanche. En second lieu, la Chambre des représentants détient l'initiative en matière d'impôt.
Depuis les élections à mi-mandat de 2010, la majorité de la Chambre est républicaine. Les élections de 2016 ont confirmé la majorité républicaine (240 sièges sur 435). Le président Trump dispose, a priori, de l'appui politique du Congrès. Pour preuve, la réforme fiscale annoncée au cours de la campagne présidentielle a été adoptée en décembre 2017. Tel ne fut pas le cas de son prédécesseur. Le président Obama, démocrate, a gouverné en cohabitation entre 2009 et 2016. Cette configuration politique a bridé les réalisations des réformes présidentielles. Par exemple, le Congrès a empêché, par plusieurs lois successives votées à la majorité entre 2009 et 2013, la fermeture du camp de Guantanamo pourtant souhaitée par le président américain. La cohabitation a également rendu difficile le vote des lois budgétaires, comme le démontre l'épisode du *shutdown* de 2013 : le blocage budgétaire a entraîné la paralysie de l'administration fédérale entre le 1er et le 16 octobre 2013. Le régime présidentiel ne suppose pas une liaison entre l'exécutif et le législatif, comme dans le régime parlementaire. L'épisode du *shutdown*, qui découle d'une double autonomie – Président/Congrès, Chambre des représentants/Sénat – démontre que des relations institutionnelles entre exécutif et législatif sont indispensables pour surmonter les blocages. La concertation évite les crises politiques. Elle permet de palier aux carences du droit en aménageant une « harmonie » entre les pouvoirs. Puisque le président ne détient pas l'initiative des lois, il doit invariablement convaincre les parlementaires de voter les textes qui vont dans le sens de sa politique. Le régime présidentiel est donc un régime dans lequel le président ne fait pas la loi mais doit négocier avec le Congrès pour diriger la nation.

7 chapitre

La naissance de la Ve République

Depuis 1791, la France a connu quinze constitutions et a expérimenté des régimes politiques variés. La forme républicaine de gouvernement s'est néanmoins durablement installée depuis le dernier quart du XIXe siècle (à l'exception de la parenthèse de l'État français entre juillet 1940 et août 1944). La Ve République se présente comme l'héritière des précédentes Républiques. Mais elle entend aussi marquer une rupture profonde avec les principes de fonctionnement du régime d'assemblée des IIIe et IVe Républiques.

Le remplacement de la Constitution du 27 octobre 1946 par la Constitution du 4 octobre 1958 marque le passage de la IVe à la Ve République. Le changement de Constitution correspond, en 1958, à un changement de régime politique même si le lien entre République et Constitution peut être discuté. On ne change pas *la* république, qui reste la forme du gouvernement en France ; on change cependant *de* République en adoptant une Constitution qui rompt avec les pratiques du régime d'assemblée.

Le texte constitutionnel du 4 octobre 1958, qui a été rédigé brièvement et dans des circonstances particulières (**1**), avait pour ambition de donner à la France un régime politique moderne et équilibré (**2**).

I. L'écriture de la Constitution de 1958

La rédaction du texte constitutionnel du 4 octobre 1958 s'est déroulée dans le respect des règles démocratiques d'élaboration d'une constitution : le peuple français a adopté, par un référendum constituant du 28 septembre 1958, la Constitution présentée par le gouvernement du général de Gaulle. Juridiquement, le peuple est bien l'auteur de la Constitution.

Cette nouvelle Constitution, dont l'écriture repose sur différentes justifications (**A**), est le résultat d'une négociation entre le général de Gaulle et les principaux représentants des partis politiques de la IVe République (**B**).

A– Une écriture justifiée

En 1958, l'écriture d'une nouvelle Constitution est justifiée par des circonstances conjoncturelles et par des raisons structurelles.

1. Une écriture justifiée par la crise de mai 1958

Depuis 1954, des émeutes et des attentats frappent l'Algérie française. Dans le contexte de décolonisation qui a permis à l'Indochine (1954), à la Tunisie et au Maroc (1956) d'accéder à l'indépendance, une majorité du peuple algérien souhaite se séparer de la métropole. Contre cette prétention, la communauté locale d'origine européenne (les « pieds-noirs ») et une partie de l'armée luttent pour ne pas abandonner l'Algérie française.
Ces événements affectant les colonies produisent un impact sur la Constitution de 1946. La Constitution est la règle de droit qui organise l'État, entendu comme une population vivant sur un territoire et soumise à un gouvernement. Les éléments constitutifs de l'État sont liés : toute modification du territoire entraîne des conséquences sur les populations (exode des rapatriés) et sur le gouvernement.
Le 13 mai 1958, des émeutiers envahissent la représentation du gouvernement de la République française à Alger. L'armée ne parvient pas à rétablir l'ordre républicain. Divers « comités de salut public » se créent en vue d'administrer le territoire. La revendication principale des émeutiers est de le conserver comme partie intégrante de la métropole.
Face à l'imbroglio algérien et devant l'incapacité des gouvernements successifs à résoudre la crise, le président du Conseil Pierre Pflimlin démissionne le 28 mai 1958. Constatant l'échec du régime, le président René Coty propose au Parlement, le 29 mai 1958, d'investir le général de Gaulle comme chef du gouvernement. Si l'article 45 de la Constitution de 1946 confère au président de la République le pouvoir de désigner le chef du gouvernement (« Au début de chaque législature, le président de la République, après les consultations d'usage, désigne le président du Conseil. […] »), le choix de la personnalité dépend, en fait, de la seule volonté des partis politiques majoritaires à l'Assemblée nationale.

2. Une écriture justifiée par les dysfonctionnements de la IVe République

La IVe République est un régime d'assemblée : ce sont les alliances entre les partis de l'Assemblée nationale qui font et défont les gouvernements. Ce régime se caractérise essentiellement par le phénomène de l'instabilité ministérielle qui nuit à la recherche d'une solution pour régler la question algérienne et, de manière globale,

qui empêche de conduire durablement une politique gouvernementale. En douze ans, la République connaîtra au moins vingt gouvernements.
L'une des explications de l'instabilité gouvernementale tient à l'absence d'un parti politique majoritaire au Parlement. Le parti radical ne dispose pas d'un nombre suffisamment élevé de députés pour prétendre diriger le gouvernement. Par ailleurs, l'effacement du président de la République ne favorise guère l'émergence d'un « pouvoir d'État » (depuis la fameuse « Constitution Grévy » de 1879, les présidents de la République adoptent une interprétation restrictive de leurs compétences constitutionnelles afin de ne pas entraver la puissance des chambres). Et surtout, il manque au personnel politique de la IVe République un chef incontestable. Seul le général de Gaulle, chef de la Résistance (1939-1944) et président du gouvernement provisoire de la République française (1944-1946), peut prétendre s'imposer comme un dirigeant charismatique.
Depuis les années 1930, un courant doctrinal réclame une réforme constitutionnelle profonde. Le mouvement de la « réforme de l'État » conteste le régime d'assemblée et plaide pour la restauration d'un exécutif fort. Ainsi, le professeur de droit René Capitant propose un changement radical de l'équilibre des institutions. Favorable à un renforcement des pouvoirs constitutionnels du peuple et partisan de la puissance présidentielle, il déplore le caractère faiblement démocratique de la IVe République. Sa pensée constitutionnelle a pour objectif de trouver l'efficacité et la stabilité des institutions. Pour sa part, Michel Debré milite pour l'avènement d'un véritable régime parlementaire, c'est-à-dire un régime dans lequel l'exécutif, responsable de sa politique devant le Parlement, détient en retour le droit de dissoudre l'Assemblée nationale. L'un des défauts du régime d'assemblée réside dans l'inversion des responsabilités gouvernementales : l'autorité de l'État se trouve dans l'enceinte parlementaire qui investit le gouvernement. Contre cette tendance, Michel Debré entend rendre plus difficile la mise en cause de la responsabilité du gouvernement devant l'Assemblée des députés. Il souhaite également conférer à l'exécutif des compétences lui permettant d'orienter le travail législatif. Ce double objectif correspond à la rationalisation du parlementarisme.
Le 1er juin 1958, le général de Gaulle est choisi par les députés (329 voix pour/224 contre). Il deviendra le dernier président du Conseil de la IVe République. Le 2 juin, le général de Gaulle demande et obtient « les pleins pouvoirs ». Il peut de la sorte gouverner par décrets afin de régler, dans l'urgence, la crise algérienne. Son second objectif est d'écrire une nouvelle Constitution pour changer de République.

B – Une écriture négociée

Le général de Gaulle ne rédige pas seul la nouvelle Constitution. En ce sens, l'un des témoins de la période proclame : « On ne peut dire en aucune façon que la Constitution a été faite pour le général de Gaulle. » (Raymond Janot). L'examen des travaux préparatoires indique que les ministres d'État, dont Michel Debré, et les « juges » du Conseil d'État participent intensément à la procédure constituante. Des règles, énoncées par la loi constitutionnelle du 3 juin 1958, encadrent l'écriture de la Constitution. Le général de Gaulle, qui se fait le porte-parole de la nouvelle Constitution (à travers son discours du 4 septembre 1958 place de la République à Paris), partage la fonction de rédacteur constitutionnel avec d'autres collaborateurs et institutions.

1. Les règles de la négociation (la loi du 3 juin 1958)

Avant d'écrire la nouvelle Constitution, il est au préalable nécessaire de modifier la procédure de révision de la Constitution de 1946. L'article 90 de la Constitution de 1946 impose en effet une procédure longue pour réviser la Constitution : la résolution (projet de révision) doit être adoptée deux fois par l'Assemblée nationale à trois mois minimum d'intervalle. Aussi, le général de Gaulle va négocier avec les parlementaires une accélération de la procédure d'écriture de la Constitution. Un double gain de temps en résulte. Premier gain de temps : le général va utiliser un ancien projet de révision de la Constitution adopté en première lecture par l'Assemblée nationale en 1955. Cette résolution n'avait plus qu'à être soumise à une seconde lecture pour être définitivement adoptée. L'article 90 de la Constitution de 1946 impose un délai de trois mois minimum entre le vote d'un projet de résolution par l'Assemblée nationale en première et en deuxième lecture. Mais cette disposition ne fixe aucune limite temporelle entre ces deux votes : « La résolution [...] est soumise dans le délai minimum de trois mois à une deuxième lecture [...]. » (art. 90). Second gain de temps : le général demande à l'Assemblée nationale de confier à l'exécutif le soin de rédiger la nouvelle Constitution. La loi du 3 juin 1958 précise à cet égard que : « Par dérogation aux dispositions de son article 90, la Constitution sera révisée par le gouvernement investi le 1er juin 1958 [...]. » En retour, l'Assemblée nationale impose au gouvernement deux séries de contraintes dans la rédaction du futur texte constitutionnel : la loi du 3 juin 1958 énonce des contraintes de forme et le respect de cinq principes.

Les contraintes de forme se limitent à une double obligation. Le gouvernement s'engage à consulter différentes institutions au cours de la procédure d'écriture de la Constitution. Il doit, par ailleurs, soumettre le projet final de révision constitutionnelle au référendum populaire afin que le peuple donne son consentement à l'adoption du texte.

La prise en compte de cinq principes doit également se retrouver dans la nouvelle Constitution. Énoncés en cinq alinéas par la loi du 3 juin 1958, ces principes sont les suivants : **1.** Le suffrage universel doit être la source du pouvoir. **2.** L'exécutif doit être séparé du législatif. **3.** Le gouvernement doit être responsable devant le Parlement. **4.** L'autorité judiciaire doit rester indépendante. **5.** La Constitution doit aménager les rapports de la métropole avec les peuples qui lui sont associés. Le vote de la loi constitutionnelle du 3 juin 1958 est destiné à garantir préventivement le caractère parlementaire, démocratique et républicain du nouveau régime. Contrairement au précédent du 10 juillet 1940 (par la loi du 10 juillet 1940, le Parlement transfère inconstitutionnellement au profit d'un militaire, le maréchal Pétain, le pouvoir d'écrire une nouvelle Constitution. Ce dernier institue alors un régime qui va vite devenir illégitime, le régime de Vichy), le Parlement ne délègue pas le pouvoir constituant au gouvernement (il n'en possède, du reste, pas la compétence), le peuple restant *via* le suffrage universel « la source du pouvoir ». La loi du 3 juin 1958 se contente de confier à différentes institutions le soin d'établir un projet de loi constitutionnelle. Se pose tout de même la question de la valeur juridique de la loi du 3 juin 1958. Initialement, elle se présente comme un acte législatif du Parlement de la IVe République. Toutefois, la formule introductive de la Constitution du 4 octobre 1958 dispose : « Le gouvernement de la République, conformément à la loi constitutionnelle du 3 juin 1958 a proposé, le peuple français a adopté, le président de la République promulgue la loi constitutionnelle dont la teneur suit : Préambule [...]. » La mention faite à la loi du 3 juin 1958 par la Constitution de la Ve République incite à reconnaître une valeur constitutionnelle aux principes énoncés par cet acte législatif (il arrive que des lois donnent naissance à des principes de valeur constitutionnelle).

2. Les acteurs de la négociation

Le texte promulgué le 4 octobre 1958 est une œuvre collective (bien que le peuple reste juridiquement l'unique auteur de la Constitution). Conformément aux dispositions de la loi du 3 juin 1958, plusieurs rédacteurs sont à distinguer.

→ Les rédacteurs du texte initial

Ce sont les membres du gouvernement investis le 1er juin 1958. Le général de Gaulle est assisté principalement de Michel Debré, garde des Sceaux et partisan d'un régime parlementaire à l'anglaise. Quelques ministres d'État de la IVe République représentent les forces politiques de droite et de gauche de l'Assemblée nationale : notamment Guy Mollet (SFIO), Pierre Pflimlin (MRP) et Félix Houphouët-Boigny (UDSR). En un peu plus d'un mois, l'équipe gouvernementale rédige un projet de Constitution, adopté en Conseil des ministres et publié le 29 juillet 1958.

→ Les membres du Comité consultatif constitutionnel

Prévu par la loi du 3 juin 1958, ce comité associe des parlementaires au processus de rédaction du texte constitutionnel. 39 membres – dont 26 désignés par le Parlement et 13 nommés par le gouvernement – vont se prononcer, à titre consultatif, sur le projet de loi constitutionnelle au mois d'août 1958.

→ Les experts techniques

Ce sont les juristes du Conseil d'État consultés sur le texte définitif à partir du 27 août 1958. Dans un discours désormais classique, Michel Debré expose, le 27 août 1958, devant l'Assemblée générale de la haute juridiction administrative les grandes lignes et l'esprit du futur texte constitutionnel. Suite à l'avis favorable du Conseil d'État, le Conseil des ministres adopte définitivement le projet le 3 septembre 1958. La Constitution, approuvée par référendum le 28 septembre 1958 et promulguée par le président de la République le 4 octobre 1958, est donc le résultat de compromis entre les principaux représentants de la IVe République et les proches collaborateurs du général de Gaulle. Les premiers restaient favorables au régime parlementaire et à l'influence politique des assemblées. Les seconds souhaitaient un renforcement des pouvoirs de l'exécutif. Si le texte du 4 octobre 1958 respecte cette double influence, son esprit traduit incontestablement une prééminence des conceptions constitutionnelles du général de Gaulle.

II. Les objectifs de la Constitution de 1958

La Constitution du 4 octobre 1958 a été rédigée pour remplir un double objectif : rééquilibrer les rapports exécutif-législatif en établissant une hiérarchie entre les pouvoirs publics favorable à l'exécutif (**A**) ; refouler la puissance du Parlement en procédant à une rationalisation du parlementarisme (**B**).

A- Revaloriser l'exécutif

Selon le général de Gaulle, la nouvelle Constitution doit inverser la hiérarchie traditionnelle entre les pouvoirs publics. Le pouvoir exécutif, neutralisé sous le régime des assemblées, mérite d'être restauré. Cette idée-force, qui se trouve déjà exposée dans le célèbre discours de Bayeux du 16 juin 1946, est reprise en 1958 au moment où le général est nommé chef du gouvernement.

1. Les perspectives dressées par le discours de Bayeux (16 juin 1946)

Ce discours est proclamé dans des circonstances particulières qu'il convient de rappeler. En 1945-1946, la France a convoqué une assemblée constituante afin de rédiger la Constitution de la IVe République. Cette assemblée a soumis au peuple un projet de Constitution repoussé par le référendum du 5 mai 1946. Deux conceptions s'opposent alors : la conception parlementaire fidèle aux lois de 1875 et au régime d'assemblée ; la conception gaulliste favorable à un renforcement de l'exécutif. Le discours de Bayeux est prononcé en pleine campagne

électorale. Le peuple doit désigner ses représentants à l'Assemblée constituante. Le discours présente les grandes lignes des idées constitutionnelles des représentants gaullistes.
Sur le fond, le discours de Bayeux dresse un bilan sur le passé, le présent et l'avenir de la République française. Seuls les passages relatifs à l'avenir constitutionnel méritent ici d'être évoqués. L'organisation politique de la France doit être, selon le général de Gaulle, à la fois démocratique et efficace. La démocratie implique le respect du suffrage universel et de la séparation des pouvoirs. L'efficacité implique que les grandes décisions soient prises par l'exécutif et qu'une coupure nette sépare la direction gouvernementale du Parlement. De Gaulle invite, à cet effet, à renforcer les pouvoirs du chef de l'État (qu'il qualifie de « pouvoirs d'arbitrage ») et à rendre l'institution présidentielle autonome par rapport au Parlement. Sans forcément préconiser l'élection au suffrage universel direct du chef de l'État, le discours de Bayeux insiste sur la nécessité de rompre avec le système de la désignation du président de la République par le seul Parlement : « C'est donc du chef de l'État, placé au-dessus des partis, élu par un collège plus large que le Parlement, que doit procéder le pouvoir exécutif. » De plus, le président de la République doit disposer du pouvoir de nommer le chef du gouvernement. Et, en cas de crise, le chef de l'État doit disposer de pouvoirs exceptionnels. Méfiant à l'égard du « régime des partis », le général considère, au final, que seule la séparation des pouvoirs entre les organes exécutif et législatif peut générer une restauration de l'autorité de l'État.
Dès le 21 juin 1946, Léon Blum, dans la revue socialiste *Le Populaire*, perçoit toutes les implications du discours de Bayeux. En particulier, il constate que la mise en cause du principe de l'élection parlementaire du chef de l'État aboutit à faire élire le président de la République par le peuple « comme dans la Constitution française de 1848 et comme aux États-Unis ». Or, en 1946, la France craint la dérive dictatoriale que représente un chef de l'État fort. Aussi, le référendum du 13 octobre 1946 adopte un projet de Constitution parlementaire.
Les principes du discours de Bayeux, complétés par les détails du discours d'Épinal du 20 septembre 1946, sont réactivés en 1958, au moment où le général de Gaulle s'attelle à la rédaction de la Constitution de la Ve République.

2. L'inscription des idées du général de Gaulle dans le texte de 1958

À partir du 1er juin 1958, le général de Gaulle est président du Conseil. À ce titre, il va imposer, dans la rédaction du projet de loi constitutionnelle, certains principes énoncés dans le discours de Bayeux. L'idée générale de son projet constitutionnel est d'établir la prééminence institutionnelle des organes de l'exécutif sur le Parlement. Quatre articles du texte final du 4 octobre 1958 illustrent avec éclat la présence de sa pensée constitutionnelle.

En premier lieu, l'article 6 dispose : « Le président de la République est élu pour sept ans par un collège électoral comprenant les membres du Parlement, des conseils généraux et des assemblées des territoires d'outre-mer, ainsi que les représentants élus des conseils municipaux. » En somme, le président de la République n'est plus élu uniquement par le Parlement mais par un collège électoral élargi, comme le souhaitait le général de Gaulle dans le discours de Bayeux. Sur la base de ce système électoral, le général de Gaulle deviendra le premier président de la Ve République, le 21 décembre 1958.

En second lieu, l'article 11 institue la procédure du référendum législatif : « Le président de la République, sur proposition du gouvernement [...] peut soumettre au référendum tout projet de loi portant sur l'organisation des pouvoirs publics, comportant approbation d'un accord de communauté ou tendant à autoriser la ratification d'un traité [...]. » Cette disposition constitutionnelle reflète à un double niveau les idées développées dans le discours de Bayeux. En instaurant le référendum législatif, l'article 11 renforce la démocratisation des institutions. Le peuple, source du pouvoir, est désormais en mesure d'approuver ou de rejeter un projet de loi. Mais surtout, l'exécutif – et plus précisément le président de la République – est en droit de faire adopter une loi sans le vote du Parlement. Les usages du référendum législatif organisés par le général de Gaulle confirmeront la portée stratégique de cette technique alternative d'adoption des lois : tous les référendums furent de véritables « questions de confiance » posées par le chef de l'État au peuple.

En troisième lieu, l'article 23 dispose : « Les fonctions de membres du gouvernement sont incompatibles avec l'exercice de tout mandat parlementaire [...]. » Cette précision assure l'indépendance de l'exécutif face au Parlement et organise une séparation nette des pouvoirs. Les membres du gouvernement (les ministres) ne sont plus des hommes de partis mais des techniciens au service de l'intérêt général. La fin de la « république des partis » passe, d'après le général de Gaulle, par cette réglementation constitutionnelle stricte relative aux cumuls des fonctions gouvernementales et de tout mandat parlementaire.

Enfin, les pouvoirs de crise souhaités dans le discours de Bayeux en faveur de l'institution présidentielle se trouvent consacrés dans l'article 16 : « Lorsque les institutions de la République, l'indépendance de la nation, l'intégrité de son territoire ou l'exécution de ses engagements internationaux sont menacées d'une manière grave et immédiate et que le fonctionnement régulier des pouvoirs publics constitutionnels est interrompu, le président de la République prend les mesures exigées par ces circonstances [...]. » Ces pouvoirs exceptionnels traduisent une constante du gaullisme. Marqué par la déroute de 1940, le général a toujours pensé que si le président de la République Albert Lebrun avait eu à sa disposition, à l'époque, des compétences analogues, il aurait pu éviter le transfert des pleins pouvoirs au maréchal Pétain et décider, dans l'urgence, des mesures à prendre.

B– Rationaliser le parlementarisme

La Constitution du 4 octobre 1958 est rédigée pour limiter l'influence du Parlement. À cette fin, le texte constitutionnel procède à une rationalisation du parlementarisme entendue comme une réglementation constitutionnelle des rapports entre l'exécutif et le législatif permettant au gouvernement d'asseoir sa prévalence.
La rationalisation du parlementarisme a pour objectif de rompre avec l'omnipotence du Parlement des IIIe et IVe Républiques. Deux mécanismes principaux favorisent la réalisation de cet objectif : la limitation du domaine de la loi et la maîtrise gouvernementale de la procédure législative.

1. La limitation du domaine de la loi

Dans les principes, la limitation du domaine de la loi est perçue, en 1958, comme l'innovation constitutionnelle la plus importante. Pour la première fois, le législateur ne peut plus intervenir sur toutes les matières : il n'est plus souverain, c'est-à-dire libre de légiférer sur les sujets de son choix. Sa compétence est limitée à certains thèmes strictement énoncés par l'article 34 de la Constitution. Le résultat de cette limitation du domaine législatif se résume par la fameuse distinction entre « la mise en cause » et « la mise en œuvre » de la loi. Le Conseil constitutionnel est chargé de surveiller que le Parlement respecte bien les limites de ses compétences.

➜ La distinction « mise en cause »/« mise en œuvre » de la loi
Aux termes de l'article 34 de la Constitution :
- « La loi fixe les règles concernant :
  - les droits civiques et les garanties fondamentales accordées aux citoyens pour l'exercice des libertés publiques [...] ; la nationalité, l'état et la capacité des personnes, les régimes matrimoniaux, les successions et libéralités ; la détermination des crimes et délits ainsi que les peines qui leur sont applicables ; la procédure pénale ; l'amnistie, la création de nouveaux ordres de juridiction et le statut des magistrats ; l'assiette, le taux et les modalités de recouvrement des impositions de toutes natures ; le régime d'émission de la monnaie.
- La loi fixe également :
  - le régime électoral des assemblées parlementaires et des assemblées locales ; la création de catégories d'établissements publics ; les garanties fondamentales accordées aux fonctionnaires civils et militaires de l'État ; les nationalisations d'entreprises et les transferts de propriété d'entreprises du secteur public au secteur privé.

– La loi détermine les principes fondamentaux :

- de l'organisation générale de la Défense nationale ; de la libre administration des collectivités territoriales, de leurs compétences et de leurs ressources ; de l'enseignement ; du régime de la propriété, des droits réels et des obligations civiles et commerciales ; du droit du travail, du droit syndical et de la sécurité sociale [...]. »

Il ressort de ce texte que la « mise en cause » des grands principes du droit civil, du droit pénal, du droit électoral, du droit du travail et du droit fiscal relève du domaine de la loi. De même, la « mise en cause » des libertés publiques est du domaine de la loi. « Mettre en cause » revient à modifier l'esprit général d'une matière. La « mise en cause » est synonyme de pouvoir général d'orientation. Le Parlement détient le pouvoir de décider les orientations de la politique pénale, civile, fiscale, etc. Par exemple, la « mise en cause » des peines pénales consiste à décider d'assouplir ou de durcir les peines (abolir la peine de mort relève de la compétence du législateur). *A contrario*, la « mise en œuvre » de la loi, son application, relève du domaine réglementaire. « Mettre en œuvre », c'est avoir le choix des moyens mais pas des buts. Voila pourquoi l'article 37 de la Constitution confie au pouvoir réglementaire (donc au gouvernement) le soin d'intervenir dans les matières qui ne relèvent pas de la compétence du législateur : « Les matières autres que celles qui sont du domaine de la loi ont un caractère réglementaire. [...] ».

Les articles 34 et 37 de la Constitution peuvent conduire à deux lectures sensiblement différentes : l'une favorable au Parlement, qui retrouve son prestige en ne s'occupant que des grands principes ; l'autre favorable à l'exécutif qui, grâce à l'article 37, dispose désormais d'un pouvoir réglementaire apparemment illimité. Les rédacteurs de la Constitution ont présenté la limitation du domaine de la loi comme un moyen de revaloriser le Parlement. En ce sens, Michel Debré explique devant le Conseil d'État, le 27 août 1958, que le Parlement ne doit plus s'occuper que de la « mise en cause » des grands principes. Il doit laisser au gouvernement le soin de régler les matières de détails, les mesures particulières (« la mise en œuvre » de la loi). Mais il est vrai que dans le même temps, les premiers commentateurs de la Constitution de 1958 considèrent que la limitation du domaine de la loi favorise le pouvoir exécutif : libre de faire tout ce qui ne relève pas du domaine de la loi, le gouvernement dispose d'un domaine de compétence élargi. Afin de renforcer l'indépendance de l'exécutif à l'égard du Parlement, les rédacteurs constitutionnels créent une institution, le Conseil constitutionnel, dont l'une des missions initiales consiste précisément à vérifier que le Parlement n'intervient pas dans le domaine réglementaire.

→ Le rôle du Conseil constitutionnel

Le Conseil constitutionnel a surtout été créé, en 1958, afin de surveiller la répartition des compétences entre le domaine de la loi et du règlement.
Cette dernière mission se résume à vérifier, à la demande du gouvernement, que le Parlement respecte bien les limites qui lui sont imposées par l'article 34 de la Constitution. À cette fin, deux techniques permettent au gouvernement de demander au Conseil constitutionnel d'empêcher l'organe législatif d'empiéter sur les compétences de l'exécutif : la délégalisation et l'irrecevabilité.
La procédure de délégalisation (ou déclassement) de l'article 37, alinéa 2, de la Constitution confère à l'exécutif le droit de demander le déclassement d'une loi intervenue en dehors du domaine de la loi : « Les matières autres que celles qui sont du domaine de la loi ont un caractère réglementaire. Les textes de forme législative intervenus en ces matières peuvent être modifiés par décrets pris après avis du Conseil d'État. Ceux de ces textes qui interviendraient après l'entrée en vigueur de la présente Constitution ne pourront être modifiés par décret que si le Conseil constitutionnel a déclaré qu'ils ont un caractère réglementaire en vertu de l'alinéa précédent. »
Le Conseil constitutionnel intervient donc *a posteriori* (après l'entrée en vigueur de la loi) afin d'autoriser le gouvernement à réparer une violation constitutionnelle de la répartition des compétences entre le domaine de la loi et celui du règlement. L'empiétement du législateur dans le champ d'intervention de l'exécutif est réparé par la modification par décret d'une loi.
La procédure de l'irrecevabilité donne au gouvernement le droit de s'opposer, au cours de la procédure législative, à l'adoption par le Parlement d'un texte portant sur le domaine réglementaire : « S'il apparaît au cours de la procédure législative qu'une proposition ou qu'un amendement n'est pas du domaine de la loi [...], le gouvernement peut déposer l'irrecevabilité. En cas de désaccord entre le gouvernement et le président de l'assemblée intéressée, le Conseil constitutionnel, à la demande de l'un ou de l'autre, statue dans un délai de huit jours » (art. 41).
Le Conseil constitutionnel se prononce avant même le vote de la loi, au cours de la procédure législative, afin d'écarter préventivement une proposition qui méconnaît le domaine de la loi.
Avec ces deux mécanismes constitutionnels, les rédacteurs du texte de 1958 entendent subordonner le législateur à la Constitution. Michel Debré – dans une formule bien connue – proclame d'ailleurs que la création du Conseil constitutionnel doit être perçue comme « une arme contre la déviation du régime parlementaire ». Rapidement, le Conseil constitutionnel se comportera comme une institution au service de l'exécutif. Ses premiers membres étaient des proches du général de Gaulle. Ses premières décisions protégeaient le gouvernement face au Parlement.

Il faudra attendre les années 1970 pour que cette institution prenne son indépendance par rapport au pouvoir exécutif et s'impose, à titre principal, comme un véritable gardien juridictionnel de la Constitution.

2. La maîtrise gouvernementale de la procédure législative

Selon l'article 24 (anciennement 34) de la Constitution : « Le Parlement vote la loi » Mais – paradoxalement – le Parlement, auteur formel de l'acte législatif, ne fait plus réellement la loi. Plusieurs dispositions constitutionnelles confèrent au gouvernement la maîtrise de la procédure de fabrication de la loi.

L'initiative législative appartient au gouvernement. Si l'article 39 dispose que « l'initiative des lois appartient concurremment au Premier ministre et aux membres du Parlement », en réalité la concurrence entre les membres du gouvernement et les membres du Parlement est clairement déloyale. Ainsi, les parlementaires ne peuvent déposer des propositions de loi qui diminuent les ressources publiques ou aggravent les charges publiques (art. 40 de la Constitution).

Dans le même sens, le gouvernement détient le droit de réclamer l'irrecevabilité d'une proposition de loi, au moment de son dépôt, si le texte porte atteinte à la répartition des compétences entre le domaine de la loi et du règlement. L'irrecevabilité revient à écarter la proposition de loi. En cas de désaccord entre le président de l'assemblée intéressée et le gouvernement, l'article 41 de la Constitution confie au Conseil constitutionnel le soin de statuer dans un délai de huit jours.

Depuis 2008, l'ordre du jour parlementaire est officiellement partagé entre l'exécutif et le législatif. Deux semaines sur quatre sont désormais réservées par priorité aux choix du gouvernement (art. 48, alinéa 2 C). Cependant au nom de la discipline majoritaire, le nouveau partage ne change fondamentalement pas grand-chose. La majorité gouvernementale détient la maîtrise de l'initiative législative. L'opposition et la minorité parlementaire se voient réserver un jour de séance par mois pour un ordre du jour fixé à leur initiative !

Cette disposition est capitale. Elle indique clairement que le travail parlementaire sera orienté par l'exécutif qui choisira les projets de loi prioritaires. Conséquence de ce pouvoir : le gouvernement a la possibilité d'écarter les propositions de loi qu'il ne souhaite pas voir adoptées par les chambres.

La Constitution permet même à l'exécutif d'adopter des lois sans vote des parlementaires. Deux exemples illustrent cette originalité constitutionnelle. L'article 49, alinéa 3, dispose d'abord sur ce point que : « Le Premier ministre peut, après délibération du Conseil des ministres, engager la responsabilité du gouvernement devant l'Assemblée nationale sur le vote d'un projet de loi de finances ou de financement de la sécurité sociale. Dans ce cas, ce projet est considéré comme adopté, sauf si une motion de censure, déposée dans les 24 heures qui suivent, est votée [...]. Le Premier ministre peut, en outre, recourir à cette procédure pour un autre projet ou une autre proposition de loi par session. » Cette technique, dite de la motion de censure, force le Parlement à accepter un texte d'origine gouvernementale. La probabilité du dépôt d'une motion de censure reste en effet infime car les parlementaires n'ont stratégiquement aucun intérêt à voter en ce sens : la chute du gouvernement entraînerait logiquement la dissolution, par le chef de l'État, de l'Assemblée nationale.

Dans le même esprit, le gouvernement peut décider de recourir à la procédure accélérée (art. 42, alinéas 3 et 4) pour précipiter l'examen des projets de lois. La panoplie des instruments parlementaires est assez étoffée (vote bloqué, convocation d'une commission mixte paritaire, temps législatif programmé à l'Assemblée nationale) pour contraindre une majorité relative ou indisciplinée. En somme, le texte constitutionnel du 4 octobre 1958 valorise le pouvoir exécutif au détriment du Parlement, opérant du même coup un bouleversement institutionnel radical avec les IIIe et IVe Républiques.

chapitre 8

Le président de la République

Le 14 mai 2017, Emmanuel Macron est devenu le huitième Président élu sous la Ve République et le vingt-cinquième Président de la République française (le premier étant Louis-Napoléon Bonaparte). Jusqu'en 1958, le président de la République apparaît comme une institution secondaire. Sous les IIIe et IVe Républiques, le président est relégué – tant par les textes que par la pratique des pouvoirs – à un rôle de « première magistrature morale du régime » selon l'expression de Berlia. Cette mise à l'écart trouve ses origines dans la Constitution de la IIe République du 4 novembre 1848 qui confie pour la première fois le pouvoir exécutif à un président de la République élu directement par le peuple pour une durée de quatre ans. Le coup d'État du 2 décembre 1851 perpétré par le premier président Louis-Napoléon Bonaparte va conduire le président élu à proclamer l'Empire. Ceci va considérablement entacher l'image de l'institution.

Les rédacteurs de la Constitution de la Ve République – et en particulier le général de Gaulle – entendent rehausser la puissance du président de la République en plaçant le siège de l'autorité gouvernementale dans l'institution présidentielle. Les premières années d'application de la Constitution de 1958 seront sur ce point capitales : la réforme du 6 novembre 1962 instaurant l'élection populaire du président et le rapport de force politique favorable au général de Gaulle conduisent à l'installation d'un régime qualifié audacieusement par certains de « monarchie républicaine » : monarchie, car le chef de l'État exerce seul le pouvoir de volonté au sein de l'exécutif, les autres pouvoirs constitués – en particulier le Premier ministre – restant à son service (le président est « le détenteur de la volonté de l'État » dira le général de Gaulle dans sa conférence de presse du 31 janvier 1964) ; monarchie républicaine, car le président est élu, suite à la réforme de 1962, par le peuple.

L'évolution du régime de la Ve République n'invalide pas cette conception du monarque républicain. La prééminence du chef de l'État dans les institutions perdure. Cette primauté se manifeste dans le statut réservé par le droit constitutionnel au président (**1**) et par la variété et l'importance de ses compétences (**2**).

I. Le statut présidentiel

A– Le mandat présidentiel

La durée du mandat présidentiel est passée de sept à cinq ans suite au référendum constituant du 24 septembre 2000 (référendum marqué par un taux d'abstention élevé puisque 69,38 % des électeurs inscrits n'ont pas pris part au vote ; une minorité de citoyens a donc pu, en toute légalité constitutionnelle, réviser la Constitution !). La loi constitutionnelle, promulguée le 2 octobre 2000, aligne cette durée avec celle du mandat des députés. Cet alignement faciliterait, selon les défenseurs du quinquennat, la conjonction entre la majorité présidentielle et la majorité parlementaire, écartant ainsi le risque d'une nouvelle « cohabitation ». L'optimisme des défenseurs de la réforme mérite cependant d'être tempéré. Rien ne garantit que la coïncidence entre la durée des deux mandats ne soit pas rompue par une dissolution de l'Assemblée nationale ou une fin anticipée du mandat du président de la République. Par ailleurs, la victoire d'une majorité législative hostile au président nouvellement élu reste envisageable. Quant au fait d'élire le président plus souvent, l'argument ne justifie pas plus la durée de cinq ans que celle de six ans ou de quatre ans. Enfin, la réduction de la durée du mandat favorise-t-elle l'alternance dans la mesure où un président élu pour cinq ans sera plus enclin à se présenter pour exercer un second mandat (à l'instar du Président Jacques Chirac en 2002), ce qui apparaissait beaucoup plus délicat avec le septennat ?
La révision constitutionnelle du 23 juillet 2008 limite à deux le nombre de mandats consécutifs assurés par le chef de l'État : « Nul ne peut exercer plus de deux mandats consécutifs. » (art. 6, al. 2C). Cette disposition constitutionnelle empêche-t-elle un ancien président ayant accompli deux mandats consécutifs de se représenter à la magistrature suprême non immédiatement ? L'hypothèse n'est pas à exclure. Mais l'échec de Nicolas Sarkozy en 2012 et le renoncement de François Hollande en décembre 2017 montrent qu'il devient difficile, pour le président en exercice, de briguer un second mandat. En « primo-ministérialisant » la fonction présidentielle, le quinquennat produit inévitablement des effets non voulus par le constituant sur le mandat présidentiel.

B– La responsabilité présidentielle

Le droit français aménage deux formes de responsabilités des hommes politiques : politique et pénale. Sous la Ve République, le chef de l'État ne répond pas de ses actes, ni sur le plan politique (pas d'obligation de démissionner à la suite d'une perte de confiance populaire) ni sur le plan pénal (pas de possibilité pour un juge d'auditionner ou d'arrêter le président de la République). Le principe de l'irresponsabilité du chef de l'État se présente comme une tradition dans l'histoire constitutionnelle française. Que celui-ci soit un roi, un empereur ou un président de la République, son statut a toujours été extraordinaire vu sous l'angle de sa responsabilité : les constitutions lui réservent le principe d'inviolabilité (le titulaire de la fonction de chef de l'État est garanti de n'être ni arrêté ni détenu tant qu'il exerce son mandat). Benjamin Constant, l'un des théoriciens du parlementarisme français, déclarait sur ce point à l'époque de la monarchie constitutionnelle : « *le Roi règne mais ne gouverne pas* ». Le monarque ne peut donc pas être considéré comme responsable des actes de gouvernement. Seuls les ministres assumeront cette responsabilité. La seule exception à ce principe date de 1848, époque de la Constitution de la Seconde République. Le président de la République, élu pour 4 ans au suffrage universel, est responsable politiquement et pénalement. Les rédacteurs constitutionnels entendent, par ce système, contrebalancer la puissance présidentielle due à sa légitimité populaire. Durant les IIIe et IVe Républiques, l'irresponsabilité du président de la République reste une mesure de protection de l'institution destinée à garantir l'indépendance de la fonction : le président ne gouvernait pas, il était un *pouvoir neutre*.
Sous la Ve République, le président de la République gouverne sans apparaître responsable politiquement (**1**) et pénalement (**2**). Ce statut dote le chef de l'État élu au suffrage universel d'une puissance ultime pendant son mandat.

1. La responsabilité politique

Dire qu'un organe est politiquement responsable signifie qu'il doit démissionner en cas d'échec électoral ou politique. La responsabilité politique n'est pas liée à l'existence d'une faute civile ou pénale de la part de son auteur. Elle fonctionne sans juridiction.
Existe-t-il un principe de responsabilité politique du président de la République sous la Ve République ? En d'autres termes, le chef de l'État est-il tenu de démissionner en cas de perte de confiance populaire ?
La Constitution de 1958 contient deux articles d'où se dégage le principe d'une responsabilité politique du président de la République : les articles 19 et 6.

Selon l'article 19 de la Constitution : « Les actes du président de la République, autres que ceux prévus aux articles 8 (al. 1), 11, 12, 16, 18, 54, 56 et 61 sont contresignés par le Premier ministre et, le cas échéant, par les ministres responsables. »
Le contreseing signifie que le président de la République édicte des actes qui, pour être juridiquement parfaits, doivent être signés par le Premier ministre (et, le cas échéant, par les ministres). La responsabilité liée aux conséquences de ces actes contresignés est ainsi transférée du président vers le Premier ministre (et éventuellement les ministres). La règle du contreseing reste un moyen pour le chef de l'État d'échapper à toute responsabilité politique. L'article 19 de la Constitution prévoit cependant l'existence d'actes du président de la République non soumis au contreseing du Premier ministre (« autres que ceux prévus... »). Ces actes sont les plus importants sur le plan politique : référendum (art. 11) ; droit de dissolution (art. 12) ; mise en œuvre des pouvoirs exceptionnels (art. 16) ; droit de message avec les assemblées (art. 18) ; saisine du Conseil constitutionnel (art. 54 et art. 61) ; nomination des membres du Conseil constitutionnel (art. 56). En l'absence de contreseing, il faut considérer que ces actes incombent à la seule volonté du président de la République et qu'ils doivent en principe être assumés par lui seul.
L'article 6 contient implicitement l'idée d'une responsabilité politique du président de la République : « Le président de la République est élu pour cinq ans au suffrage universel direct. » (art. 6, al. 1). Au nom du parallélisme des procédures, cette disposition implique une possible révocation populaire du président de la République. Élu par le peuple, le Président doit pouvoir être désavoué par le peuple. Cette interprétation par un raisonnement *a contrario* de l'article 6 est défendue par de nombreux auteurs. Responsable devant la nation, le chef de l'État met en jeu sa responsabilité quand la nation exprime sa volonté : soit lors des élections législatives, soit lors du vote des référendums. Cette lecture de l'article 6 n'a jamais été confirmée par les présidents de la Ve République, à l'exception du général de Gaulle.
Dans la conception gaulliste, le président de la République démissionne après un échec électoral. Le général de Gaulle a toujours perçu la responsabilité politique comme le principe selon lequel toute personne qui exerce du pouvoir doit assumer la décision qu'elle prend devant le corps électoral. Ainsi, sa pratique du pouvoir présidentiel consiste à lier son sort politique aux résultats des élections législatives et à l'issue des référendums. En posant une question référendaire, le général posait également une question de confiance au peuple (cet usage fut, à l'époque, qualifié de plébiscite par rapprochement aux appels au peuple pratiqués par Napoléon Bonaparte). Le président de Gaulle était « solidaire » du « oui ». Une réponse négative traduisait, selon lui, une défiance populaire à l'encontre du chef de l'État. Le référendum de 1969 portant réforme du Sénat et de la régionalisation traduit cette conception. Deux jours avant la date du référendum, le général proclame : « [...] si

je suis désavoué par une majorité d'entre vous, solennellement, ma tâche actuelle de chef de l'État deviendra évidemment impossible et je cesserai aussitôt d'exercer mes fonctions. » Le 27 avril 1969, les « non » l'emportent avec 52 % des suffrages exprimés. Le 28 avril, le général démissionne de la présidence de la République. Depuis 1969, les présidents de la République n'engagent plus leur responsabilité politique : ils refusent de lier leur sort aux résultats électoraux. Ainsi, une défaite aux élections législatives de la « majorité présidentielle » n'entraîne plus la démission du chef de l'État. Ce désaveu déclenche la « cohabitation » (expression utilisée pour la première fois par l'ancien Premier ministre Édouard Balladur, *Le Monde*, 16 septembre 1983) entre le président de la République et une majorité parlementaire qui lui est politiquement hostile (situation rencontrée entre 1986 et 1988, 1993 et 1995, 1997 et 2002). Dans le même sens, le résultat négatif d'un référendum ne produit aucune conséquence sur l'institution présidentielle. À la veille du référendum relatif au quinquennat, le président Jacques Chirac exprime clairement son désengagement dans l'issue du résultat : « [...] les Français répondent par oui, c'est très bien ; ils répondent par non, c'est très bien » (5 juin 2000).
Pour comprendre cette irresponsabilité, il importe sans doute de rappeler qu'au regard de l'article 5 de la Constitution « le président de la République [...] assure la continuité de l'État ». Cette mission n'implique-t-elle pas de refuser de lier le sort du président de la République aux caprices du corps électoral ?

2. La responsabilité pénale

Le procès de l'ancien président de la République Jacques Chirac, qui s'est tenu en septembre 2011, a révélé les difficultés de juger un ancien chef de l'État devenu citoyen ordinaire. Le statut pénal du président de la République est le fruit de plusieurs années de réflexion. Élaborée sur la base des travaux de la commission chargée de mener une réflexion sur le statut pénal du chef de l'État (instituée par le décret présidentiel du 4 juillet 2002, présidée par le professeur Pierre Avril et composée de 12 constitutionnalistes), le projet de loi constitutionnelle a été adopté par le Parlement réuni en congrès le 19 février 2007. Promulguée le 23 février 2007, la loi constitutionnelle pose clairement le principe de l'irresponsabilité dans la nouvelle version de l'article 67 :
« Le président de la République n'est pas responsable des actes accomplis en cette qualité, sous réserve des dispositions des articles 53-2 et 68.
Il ne peut, durant son mandat et devant aucune juridiction ou autorité administrative française, être requis de témoigner non plus que faire l'objet d'une action, d'un acte d'information, d'instruction ou de poursuite. Tout délai de prescription ou de forclusion est suspendu.

Les instances et procédures auxquelles il est ainsi fait obstacle peuvent être reprises ou engagées contre lui à l'expiration d'un délai d'un mois suivant la cessation des fonctions. »

La généralité des termes employés atteste que l'irresponsabilité présidentielle déborde le domaine pénal. Elle peut être analysée comme une immunité juridictionnelle et administrative liée à la fonction de chef de l'État. La révision constitutionnelle confirme également la position de la Cour de cassation (10 octobre 2001, *Breisacher*) qui invitait à suspendre (en cas de besoin) l'engagement de la responsabilité du président jusqu'au terme de son mandat. Enfin, l'alinéa 1er énonce les deux exceptions au principe de l'irresponsabilité présidentielle.

La première exception à l'irresponsabilité présidentielle, déjà évoquée par la jurisprudence du Conseil constitutionnel (CC n° 98-408 DC du 22 janvier 1999), résulte de l'article 53-2 de la Constitution qui reconnaît la juridiction de la Cour pénale internationale. Cette juridiction permanente, dont le siège se trouve à La Haye (Pays-Bas), est compétente pour juger les auteurs des crimes internationaux les plus graves (les crimes de guerre et d'agression ; les crimes contre l'humanité ; le crime de génocide). En vertu du traité de Rome, signé le 17 juillet 1998 et ratifié par la France en 2002, tout chef de l'État qui se rend coupable d'un crime relevant de la compétence de la Cour pénale internationale est susceptible d'être jugé par ce tribunal international. « Susceptible » seulement car la compétence de la Cour de La Haye s'efface devant la compétence d'une juridiction nationale qui peut décider de juger un président de la République qui se rendrait coupable des crimes les plus graves.

La seconde exception est énoncée par l'article 68 : il s'agit de la procédure de destitution du président, seule véritable innovation juridique énoncée par la loi constitutionnelle du 23 février 2007.

Par ailleurs, le président de la République, « garant de l'indépendance de la magistrature » (art. 64 C.), peut-il se constituer partie civile au cours d'un procès ? Cette question n'est toujours pas réglée par le droit constitutionnel positif tandis que Nicolas Sarkozy a, durant son quinquennat, sollicité à plusieurs reprises les juridictions pénales et civiles pour défendre ses intérêts ou pour réactiver le délit d'offense au chef de l'État. Le fait qu'un président de la République se soit constitué partie civile, pendant l'exercice de son mandat, porte atteinte à deux principes juridiques : le principe de l'égalité des armes et l'impartialité du procès. Le principe de l'égalité des armes, dont les contours ont été dessinés depuis longtemps par la jurisprudence de la Cour européenne des droits de l'homme (C.E.D.H. Delcourt / Belgique 17 janvier 1970), implique l'absence de déséquilibre manifeste entre les parties à un procès. La confrontation juridictionnelle entre deux intérêts privés doit être menée équitablement et à armes égales. Comme le précise le juge de Strasbourg

dans l'affaire Borgers / Belgique (30 novembre 1990), l'objectif du principe consiste « dans la possibilité raisonnable pour chaque partie de présenter sa cause dans des conditions qui ne la placent pas dans une situation de net désavantage par rapport à son adversaire ». Sur ce point précis, la présence du président de la République en tant que partie demandeur dans le cadre d'un procès ne répond sans doute pas à cette exigence en raison de la protection dont il bénéficie de part son statut défensif. En vertu de l'article 67 C. il n'est pas possible de faire citer le chef de l'État comme témoin, même si celui-ci se porte partie civile. Cette impossibilité juridique heurte de front le principe du contradictoire qui reste la règle élémentaire du droit du procès. Comment assurer la confrontation entre deux parties dans l'hypothèse où l'accusation émane directement du président de la République ? L'impossibilité d'auditionner le chef de l'État *accusateur* ne permet pas à l'autre partie de présenter des réponses aux prétentions de son adversaire judiciaire !
Le principe de l'impartialité du procès englobe à la fois l'indépendance du tribunal et l'objectivité des magistrats. Un tribunal indépendant se caractérise, idéalement, par l'absence de lien avec le pouvoir exécutif. Or cette séparation entre les autorités judiciaires et le pouvoir politique reste fragile, la Cour européenne des droits de l'homme constatant avec réalisme que « ni l'article 6 de la Convention ni la Convention n'oblige les États à se conformer à telle ou telle notion constitutionnelle théorique concernant les limites admissibles à l'interaction entre l'un et l'autre » (Affaire Klein / Pays Bas, 05 mai 2003). En France, l'autorité judiciaire reste dans le sillage de l'exécutif même si depuis 2008 le président de la République a cessé de présider le Conseil supérieur de la Magistrature (art. 65 C.). Le chef de l'État est toujours « garant de l'indépendance de l'autorité judiciaire » (art. 64 C.). C'est lui qui nomme par décret les magistrats de l'ordre judiciaire. Il est vrai que cette compétence se trouve encadrée par les avis et propositions qui jouent le rôle de filtre dans l'exercice des décisions prises dans l'accomplissement des carrières des juges (promotions, nominations, avancements, mutations supposent, outre la signature présidentielle, une initiative du Ministère de la Justice et un avis conforme du CSM).
On pourrait même ajouter qu'au-delà de l'atteinte aux principes élémentaires du procès équitable, la démarche présidentielle de se constituer partie civile au cours d'un procès heurte la dignité de la fonction qu'il incarne. Il n'est pas conforme aux exigences de sa charge que le président de la République, pour défendre ses intérêts privés, se détourne de sa position extra-ordinaire. Il y a dans cette attitude une atteinte à la « moralité constitutionnelle » (Olivier Beaud, Recueil Dalloz, 2009).

3. La destitution

La procédure de destitution remplace l'ancien mécanisme de la « haute trahison ». Désormais tout « manquement » du président « à ses devoirs manifestement incompatible avec l'exercice de son mandat » peut conduire à la destitution du chef de l'État. Ce changement de terminologie apporte-t-il plus de clarté par rapport à l'ancienne rédaction de la Constitution ? Sans doute pas ! Seuls des actes portant manifestement atteinte à la dignité de la fonction présidentielle déclencheront la procédure de destitution. Mais le constituant ne donne aucun exemple précis de ces cas qui restent, finalement, aussi flous que l'ancienne haute trahison.

La procédure de destitution se déroule devant le Parlement réuni en Haute Cour. Élu par le peuple, le chef de l'État est logiquement « jugé » par les représentants du peuple. Durant la procédure de destitution, organisée par la loi LO n° 2014 -1392 du 24 novembre 2014 portant application de l'article 68 de la Constitution (voir la décision du Conseil constitutionnel n° 2014-703 DC, 19 novembre 2014), le président du Sénat assure l'intérim (art. 7, al. 4). Afin d'éviter toute poursuite à des fins partisanes, des conditions strictes sont prévues pour déclencher et pour organiser la destitution.

S'agissant du **déclenchement** de la procédure, la proposition visant à réunir le Parlement en Haute Cour en vue d'engager la destitution doit être signée par au moins un dixième des membres d'une assemblée puis acceptée par le Bureau de la Chambre saisie. Cet organe interne, composé de 22 parlementaires à l'Assemblée nationale, joue le rôle de premier filtre suite au dépôt d'une résolution. Le 23 novembre 2016, le Bureau de l'Assemblée nationale a déclaré irrecevable la motion déposée par le député Pierre Lelouche et signée par des députés de l'opposition parlementaire à la suite des confidences livrées à des journalistes dans le domaine militaire par le Président de la République, François Hollande. La proposition de résolution, selon une décision du Bureau du 23 novembre 2016, « ne justifie pas des motifs susceptibles de caractériser un manquement au sens du premier alinéa de l'article 68 de la Constitution ». Cette décision clôt la procédure de destitution.

S'agissant du **déroulement** de la destitution, il convient de réunir une majorité absolue dans les deux assemblées (Assemblée nationale et Sénat) sont exigées pour renvoyer le président devant la Haute Cour (dans l'hypothèse où le Bureau ne bloque pas la procédure au stade du déclenchement). La Haute Cour n'est pas une juridiction. Elle se prononce par « oui » ou par « non » sur la destitution du chef de l'État. En cas de majorité absolue favorable à la destitution, le mandat du président de la République s'achève immédiatement. Une élection présidentielle anticipée est organisée. Le président destitué peut s'y porter candidat.

La sanction encourue par le titulaire de la fonction présidentielle n'est pas une sanction pénale mais politique. La finalité de la procédure consiste moins à condamner la personne ayant porté atteinte à la dignité de sa charge qu'à protéger la fonction présidentielle. D'éventuelles poursuites pénales ou civiles devant les tribunaux de droit commun restent envisageables une fois que le président destitué redevient un justiciable ordinaire.
Dans l'hypothèse où la Haute Cour ne décide pas la destitution, le président de la République est rétabli immédiatement dans ses fonctions.

II. Les compétences présidentielles

Pour la première fois dans l'histoire constitutionnelle française, la Constitution de 1958 assigne expressément certaines missions au président de la République :
« Le président de la République veille au respect de la Constitution. Il assure, par son arbitrage, le fonctionnement régulier des pouvoirs publics ainsi que la continuité de l'État.
Il est le garant de l'indépendance nationale, de l'intégrité du territoire et du respect des traités. » (art. 5).
Cet article met en relief le pouvoir présidentiel. Situé au-dessus des contingences partisanes et parlementaires (image de l'arbitre), le président dispose de compétences fondamentales dans l'État.
Pour exercer ses missions, le président de la République possède des pouvoirs propres (**A**). La Constitution lui accorde également d'autres compétences qu'il partage avec le Premier ministre (**B**).

A– Les pouvoirs propres du président

Les pouvoirs propres désignent les compétences dont la mise en œuvre repose dans la volonté exclusive du président. Correspondant aux actes non soumis au contreseing, les pouvoirs propres permettent au président de manifester sa puissance en décidant notamment de nommer le Premier ministre (art. 8), de déclencher un référendum (art. 11), d'user du droit de dissolution (art. 12), de mettre en œuvre des pouvoirs exceptionnels (art. 16) et d'utiliser son droit de message avec les assemblées (art. 18).

1. La nomination du Premier ministre

La compétence présidentielle la plus décisive de la Ve République est celle mentionnée par l'article 8, alinéa 1 : « Le président de la République nomme le Premier ministre. Il met fin à ses fonctions sur la présentation par celui-ci de la démission des membres du gouvernement. » Dispensé de prendre quelque avis que ce soit, maître du moment de la nomination, le président de la République exerce une compétence totalement discrétionnaire dans ce domaine.

Le pouvoir de révoquer le Premier ministre se présente comme l'implication logique et naturelle du pouvoir de nomination. « Je crois que le texte constitutionnel permet au président de révoquer le Premier ministre parce que le pouvoir de nomination implique le pouvoir de révocation » déclare l'ancien président Valéry Giscard d'Estaing. La révocation présidentielle, déguisée (cas de Georges Pompidou en 1968) ou explicite (cas de Jacques Chaban-Delmas en 1972 ou de Michel Rocard en 1991), est devenue une règle de conduite légitime sous la Ve République. Les locataires de Matignon admettent la licéité du droit présidentiel de révoquer le chef du gouvernement. La formule de l'ancien Premier ministre Jacques Chaban-Delmas le confirme en 1970 : « Que serait ce Premier ministre qui s'accrocherait à son poste, qui se dresserait contre le chef de l'État ? Ce serait un triste sire ! ». Dans le même sens, Michel Rocard considère que « les arguties de juristes sur le fait que la Constitution oublie de dire que le président peut aussi démissionner le Premier ministre sont secondaires ». À la demande de démission de François Mitterrand, l'ancien locataire de Matignon répond : « Je n'ai pas eu le choix ». Sa lettre de démission du 15 mai 1991 débute par une formule non équivoque : « À l'heure où il me faut vous présenter la démission de ce gouvernement… ».

Même si de nombreuses démissions résultent de considérations autres que la seule volonté présidentielle, les comportements politiques accréditent la lecture présidentialiste de la révocation du Premier ministre. À titre illustratif, les dernières semaines du gouvernement de Jacques Chaban-Delmas rappellent la prééminence du chef de l'État. Le 23 mai 1972, le gouvernement pose la question de confiance à l'Assemblée nationale sur une déclaration lue par le Premier ministre. La confiance est accordée par un vote de 368 voix « pour » (« contre », 96 voix). Le 5 juillet 1972, le Premier ministre remet pourtant sa démission au président de la République. Cet épisode confirme que même soutenu par une large majorité parlementaire le chef du gouvernement dépend de la volonté présidentielle.

Le droit présidentiel de révoquer le Premier ministre est jugé nécessaire pour éviter « le gouvernement à double commande », selon l'expression de Georges Pompidou. Si le droit présidentiel de révoquer le Premier ministre apparaît comme une implication logique de l'article 8, il découle également de l'article 9 C : « Le président de la République préside le Conseil des ministres. » Présidant le Conseil des ministres, le chef de l'État décide de l'ordre du jour et signe (ou refuse de signer) les projets de loi et les décrets. Dès lors, le Premier ministre ne possède aucun moyen juridique de s'opposer à la volonté présidentielle pour déterminer la politique de la nation.

2. Les autres pouvoirs propres

→ Le droit de dissolution

Énoncé par l'article 12 de la Constitution de 1958, le droit de dissolution se définit comme la décision par laquelle le président de la République met fin aux fonctions de l'Assemblée nationale et provoque des élections législatives anticipées. Héritage du parlementarisme britannique, il apparaît en France en 1814 sous la Restauration – à l'époque de la monarchie constitutionnelle, c'est le roi qui est titulaire du droit de dissolution sur la Chambre des députés. La Charte de 1814 n'impose aucune condition au roi pour déclencher la dissolution. À partir de 1877, ce droit tombe en désuétude, les présidents de la République refusant systématiquement, sous les IIIe et IVe Républiques, de dissoudre la Chambre des députés suite à l'usage contesté qu'en avait fait le président Mac-Mahon (ce renoncement est une illustration de la fameuse « Constitution Grévy »).
La Ve République réactive le droit de dissolution. Aux termes de l'article 12 de la Constitution de 1958, le chef de l'État doit consulter les présidents de l'Assemblée nationale et du Sénat ainsi que le Premier ministre avant de prendre l'initiative de la dissolution. Mais il n'a pas besoin d'obtenir leurs avis conformes. Le déclenchement de la procédure relève donc de la seule volonté présidentielle. L'unique contrainte qui s'impose en la matière est temporelle. En vertu de l'article 12, alinéa 4, il ne peut être procédé à une nouvelle dissolution dans l'année qui suit les élections législatives.
La décision de dissoudre l'Assemblée nationale s'exprime par un décret présidentiel. Le décret de dissolution relève de la catégorie des actes de gouvernement car il concerne les rapports entre le président de la République et l'Assemblée nationale. Le juge administratif en déduit qu'il est incompétent pour le contrôler (CE, 20 février 1989, *Allain*).

Depuis 1958, cinq dissolutions ont été prononcées :

- **Dissolution du 5 octobre 1962** : elle vise à mesurer la confiance populaire du général de Gaulle dont l'action est largement contestée par le « cartel des non » à l'introduction de l'élection populaire du président de la République. Par les élections législatives de novembre 1962, le peuple tranche le conflit au profit du général de Gaulle et de son gouvernement.
- **Dissolution du 30 mai 1968** : le général de Gaulle – dont le gouvernement est contesté cette fois par les étudiants – consulte le peuple pour obtenir son soutien. Au cours des élections législatives de juin 1968, les électeurs votent majoritairement pour les candidats gaullistes. Cette victoire est alors interprétée comme le renouvellement de la confiance populaire à l'égard du gouvernement et du président de la République.

- **Dissolutions du 22 mai 1981 et du 14 mai 1988** : elles sont destinées à prévenir une crise politique. Il s'agit, dans les deux cas, de convoquer les électeurs pour donner au président nouvellement élu une majorité de députés qui soutient son action. Les élections législatives des 14 et 21 juin 1981 et des 5 et 12 juin 1988 accordent au nouveau président une majorité à l'Assemblée nationale lui permettant de gouverner.
- **Dissolution du 21 avril 1997** : elle s'inscrit en rupture par rapport aux précédentes. La configuration parlementaire est alors favorable au président de la République qui gouverne avec une majorité présidentielle à l'Assemblée nationale. La dissolution n'a pas pour objet de résoudre une crise politique. Son déclenchement est destiné à conforter la majorité présidentielle à l'Assemblée nationale à un moment où, stratégiquement, les sondages électoraux apparaissent favorables au succès du camp présidentiel (on évoque alors l'image de la dissolution à l'anglaise). Pour la première fois, la dissolution s'est retournée contre son initiateur, le président de la République. En effet, les élections législatives des 25 mai et 1er juin 1997 donnent la victoire aux adversaires du chef de l'État. Cet échec produit deux conséquences majeures. Il conduit d'abord à une troisième « cohabitation », qui durera un quinquennat (1997-2002) : le président Jacques Chirac nomme son adversaire à la présidence de la République deux ans plus tôt, Lionel Jospin, comme Premier ministre. Il fragilise, ensuite, l'usage du droit de dissolution car pour la première fois sous la Ve République cette technique devient une arme dangereuse pour le chef de l'État.

➜ Le référendum législatif

La Constitution de 1958 offre au président de la République la possibilité de soumettre à la votation populaire l'adoption d'une loi (art. 11) dans un périmètre il est vrai limité à « tout projet de loi portant sur l'organisation des pouvoirs publics, sur des réformes relatives à la politique économique, sociale ou environnementale de la Nation et aux services publics qui y concourent » ainsi que sur les projets de loi autorisant la ratification d'un traité. Depuis 1958, huit référendums législatifs ont été décidés par le président de la République :

- 8 janvier 1961, concernant l'autodétermination en Algérie (« oui » à 79 % des suffrages exprimés) ;
- 8 avril 1962, concernant l'approbation des accords d'Évian (« oui » à 75 % suff. exp.) ;
- 28 octobre 1962, concernant l'élection du président de la République (« oui » à 90 % suff. exp.) ;
- 27 avril 1969, concernant la réforme des régions et du Sénat (« non » à 52 % suff. exp.) ;
- 23 avril 1972, concernant l'élargissement de la Communauté européenne (« oui » à 67 % suff. exp.) ;

- 6 novembre 1988, concernant l'autodétermination de la Nouvelle-Calédonie (« oui » à 80 % suff. exp.) ;
- 20 septembre 1992, concernant la ratification du traité de Maastricht (« oui » à 51 % suff. exp.) ;
- 29 mai 2005, concernant la ratification du traité établissant une constitution pour l'Europe (« non » à 54,7 % suff. exp.).

Au regard des résultats des référendums organisés sous la Ve République, la procédure apparaît comme une arme efficace mais périlleuse pour le président de la République. Efficace car un succès référendaire renforce la légitimité présidentielle (le référendum est souvent assimilé à un plébiscite) et permet d'adopter des réformes qui divisent la classe politique (exemple du référendum du 19 septembre 1992). Périlleuse dans la mesure où l'échec d'un référendum affecte la crédibilité du président (en 1969, le général de Gaulle démissionne à la suite de la victoire des « non » au référendum du 27 avril 1969).

→ Les pouvoirs de crise

En cas de « péril national », le président de la République détient des pouvoirs exceptionnels lui permettant de concentrer les pouvoirs relevant habituellement du Parlement et du gouvernement (il devient un législateur exceptionnel). L'esprit de ces compétences exceptionnelles se résume dans l'idée suivante : pour des raisons de légitime défense, un droit dérogatoire est institué par la Constitution. Ce droit dérogatoire est inscrit dans l'article 16 qui prévoit l'instauration d'une sorte de dictature provisoire « lorsque les institutions de la République, l'indépendance de la nation, l'intégrité de son territoire ou l'exécution de ses engagements internationaux sont menacées d'une manière grave et immédiate et que le fonctionnement régulier des pouvoirs publics constitutionnels est interrompu ». Élaboré dans un contexte particulier (la guerre d'Algérie), cet article semble aujourd'hui tombé en désuétude. Le déclenchement des compétences exceptionnelles suppose la réunion de deux conditions de fond. L'existence d'une menace « grave et immédiate », d'abord. Cette condition repose sur une appréciation subjective du président de la République. Le « putsch des généraux » à Alger d'avril 1961 reste l'unique précédent sous la Ve République. Du 23 avril 1961 au 29 septembre 1961, le général de Gaulle utilise les prérogatives de l'article 16 pour rétablir le fonctionnement régulier des pouvoirs publics menacé par la rébellion. D'autres hypothèses sont cependant envisageables : la guerre, des attaques terroristes, une menace territoriale représentent des « menaces graves et immédiates » justifiant le déclenchement des pouvoirs de l'article 16. L'interruption du « fonctionnement régulier des pouvoirs publics constitutionnels » suite à la menace est la seconde condition exigée par la Constitution (exemple, l'impossibilité matérielle pour le Parlement de se réunir). Sur ce p

l'appréciation du général de Gaulle en 1961 semble discutable dans la mesure où le « putsch des généraux » n'a pas eu d'incidence directe sur le fonctionnement des pouvoirs publics métropolitains.
Ces deux conditions de circonstance étant réunies, le président est tenu de respecter des conditions de forme. La consultation du Premier ministre, des présidents des assemblées et du Conseil constitutionnel est obligatoire préalablement au déclenchement des pouvoirs de l'article 16. La lecture d'un message à la nation destiné à l'informer des raisons de l'instauration de la dictature provisoire est aussi exigée par la Constitution.
La Constitution n'impose aucune limite temporelle à l'exercice de ces pouvoirs. Le président apprécie seul la période durant laquelle il peut exercer les prérogatives exceptionnelles. En outre, aucun contrôle juridictionnel concernant le décret présidentiel de déclenchement des pouvoirs n'est prévu. Le Conseil d'État, dans la décision du 2 mars 1962 *Rubin de Servens*, a toutefois considéré qu'il était compétent pour contrôler les actes administratifs pris par le chef de l'État durant la période d'application des pouvoirs de l'article 16. Il convient donc de distinguer deux catégories d'actes présidentiels lors de la mise en œuvre des pouvoirs exceptionnels : les actes législatifs et les actes judiciaires qui sont injusticiables (en 1961, aucun juge ne contrôle les actes par lesquels le général de Gaulle suspend l'exercice de certaines lois, dont la loi sur l'inamovibilité des magistrats en Algérie) ; les actes administratifs ou réglementaires dont la légalité est contrôlée par le juge administratif.
Avec ces pouvoirs de crise, le président de la République s'érige en législateur exceptionnel mais il ne dispose pas de moyens constitutionnels lui permettant d'installer une « dictature à la romaine ». La mise en œuvre des pouvoirs de l'article 16 reste une procédure encadrée par le droit. D'ailleurs, pendant les circonstances exceptionnelles, le Parlement siège de plein droit (art. 16, al. 4), l'Assemblée nationale ne saurait faire l'objet d'une dissolution (art. 16, al. 5) et la Constitution ne peut être révisée (art. 89, al. 4). Le chef de l'État ne bénéficie donc pas d'une totale liberté.
Depuis la réforme constitutionnelle du 23 juillet 2008, le Conseil constitutionnel peut être invité à se prononcer, au-delà de trente jours d'exercice des pouvoirs exceptionnels, s'il est saisi par le président de l'Assemblée nationale, le président du Sénat, soixante députés ou soixante sénateurs. La Haute Instance se prononce de plein droit au terme de soixante jours d'exercice. Son avis est rendu public.
Le défi de la lutte contre le terrorisme a montré l'inadaptation de l'article 16 de la Constitution de 1958. L'application du régime législatif de l'état d'urgence, en vigueur entre le 14 novembre 2015 et le 1er novembre 2017, justifie, sans doute, une révision en vue de constitutionnaliser de nouvelles règles destinées à fixer les conditions de limitation des droits et libertés. L'échec du projet de loi constitutionnelle de protection de la Nation (n°3381, enregistré à l'Assemblée nationale

le 23 décembre 2015), mal rédigé car mêlant la constitutionnalisation de l'état d'urgence et la déchéance de nationalité, relance, pour l'avenir, l'intérêt d'une réécriture constitutionnelle sur ces matières. La loi constitutionnelle « pour une démocratie plus représentative, responsable et efficace » de 2018 n'intègre pas le sujet à l'ordre du jour de la réforme envisagée par le président Macron.

B– Les compétences partagées

L'article 19 de la Constitution de 1958 dispose que : « Les actes du président de la République [...] sont contresignés par le Premier ministre et, le cas échéant, par les ministres responsables. » Cette exigence signifie que la Constitution requiert une collaboration entre le président de la République et le gouvernement pour les matières autres que celles strictement dévolues à la compétence exclusive du président. La lecture présidentialiste des compétences partagées résulte de la pratique gaulliste des pouvoirs. Celle-ci se résume dans une célèbre formule prononcée par le général de Gaulle lors de sa conférence de presse du 31 janvier 1964 : « On ne saurait accepter qu'une dyarchie existât au sommet de l'État. Mais justement, il n'en est rien ! » Conséquence de cette absence de dyarchie (pouvoir à deux têtes) au sein de l'exécutif : le président de la République s'octroie le pouvoir de décider ; le Premier ministre doit exécuter les volontés présidentielles (naturellement, la personnalité des hommes viendra tempérer cette tendance).

Cette interprétation favorable au président de la République s'est illustrée principalement dans trois matières concernées par le partage des compétences : l'exercice du pouvoir réglementaire, le pouvoir de nomination aux emplois civils et militaires et la direction des armées et des relations extérieures.

1. L'exercice du pouvoir réglementaire

L'exercice du pouvoir réglementaire correspond à la capacité d'édicter par décret des normes générales et impersonnelles ne rentrant pas dans le domaine de la loi. En droit, le Premier ministre est le titulaire normal du pouvoir réglementaire. L'article 21 de la Constitution indique que : « Sous réserve des dispositions de l'article 13, (le Premier ministre) exerce le pouvoir réglementaire. » De son côté, l'article 13 de la Constitution précise que : « Le président de la République signe les ordonnances et les décrets délibérés en Conseil des ministres. »

L'article 9 ajoute : « Le président de la République préside le Conseil des ministres. » Le général de Gaulle et ses successeurs ont déduit de ces deux dispositions constitutionnelles que tous les décrets pris en Conseil des ministres relevaient de la seule volonté du président de la République.

Deux catégories de décrets méritent ainsi d'être distinguées : les décrets délibérés en Conseil des ministres, assimilés à des décrets présidentiels ; les décrets non délibérés en Conseil des ministres, dont l'auteur est le Premier ministre en vertu de l'article 21. Or, la Constitution n'indique pas le critère de distinction entre ces deux types de décrets. En pratique, c'est le président de la République qui décide qu'un domaine relève de la compétence du Conseil des ministres.
L'appréciation du chef de l'État façonne le domaine d'intervention du Premier ministre : en principe, sous la Ve République, seuls les décrets de moindre importance – les plus nombreux – échappent à la délibération en Conseil des ministres. La jurisprudence administrative, depuis un arrêt du Conseil d'État du 10 septembre 1992, *Meyet*, prend acte de cette pratique. Le juge considère qu'à partir du moment où, à la demande du président de la République, un décret a été délibéré en Conseil des ministres, il faut admettre que dans l'avenir les dispositions de ce décret relèveront de la compétence du Conseil des ministres. En revanche, il arrive fréquemment que le président de la République signe des décrets non délibérés en Conseil des ministres, c'est-à-dire des décrets dont l'auteur est en principe le Premier ministre. Dans ce cas, le juge administratif, depuis un arrêt du 27 avril 1962, *Sicard*, considère que le Premier ministre reste l'auteur du décret, la signature du Président étant surabondante.

2. Le pouvoir de nomination

Le pouvoir de nomination aux emplois civils et militaires confirme la prédominance présidentielle dans un domaine théoriquement partagé avec le Premier ministre. Dans sa rédaction issue de la réforme du 23 juillet 2008, l'article 13, alinéa 2, dispose que le président « nomme aux emplois civils et militaires » mais après avis public de la commission permanente de chaque assemblée parlementaire pour certains emplois ou fonctions d'importance. L'article 21 ajoute que le Premier ministre, « sous réserve des dispositions de l'article 13, [...] nomme aux emplois civils et militaires ».
Désormais, la Constitution réserve au président le pouvoir de nommer les plus hauts fonctionnaires de l'État. Le Premier ministre, chef de l'administration, se contente de nommer, par arrêté, les fonctionnaires relevant de ses propres services. Il reste que la compétence présidentielle ne traduit pas toujours un pouvoir discrétionnaire : de nombreux emplois de la haute fonction publique sont ouverts sur concours (enseignement supérieur, magistrature) ; la nomination présidentielle ne découle pas d'un choix mais s'apparente, dans ce cas, à une compétence liée. En revanche, le président dispose du choix des hommes pour les nominations des hauts fonctionnaires liés au pouvoir d'État : dirigeants des entreprises publiques ; directeurs d'administration centrale des ministères ; préfets ; recteurs d'académie ; chefs de mission diplomatique...

3. Le chef des Armées et des relations extérieures

La question de l'existence d'un « domaine réservé » au président de la République en matière militaire et diplomatique se pose dès les premières années d'application du régime. Le « domaine réservé » traduit, par une formule ramassée dont la paternité incombe à Jacques Chaban-Delmas lors du congrès de l'Union pour la nouvelle République du 15 novembre 1959, la tendance du pouvoir présidentiel à imposer son autorité dans certaines matières.

L'attitude des présidents de la République confirme la tendance à exclure, dans les domaines de la direction des armées et des relations extérieures, la compétence primo-ministérielle et/ou parlementaire. Ainsi, l'engagement des forces militaires françaises dans la première « guerre du Golfe » de 1991 est décidé unilatéralement par le président François Mitterrand. La Constitution prévoit pourtant que « toute déclaration de guerre » soit votée par le Parlement (art. 35). Cependant, l'intervention militaire n'est pas officiellement assimilée à une « guerre » mais à une opération de sécurité internationale conduite sous l'égide des Nations unies, cette qualification juridique évitant l'obligation du vote du Parlement.

La lecture du texte constitutionnel incline à ranger dans le « domaine réservé » les matières touchant à la politique étrangère de la France. En vertu de l'article 5, le président « est le garant de l'indépendance nationale, de l'intégrité du territoire et du respect des traités ». Dans l'esprit des rédacteurs du texte constitutionnel, il ne fait aucun doute que le chef de l'État se voit ainsi confier la place première en matière diplomatique. Cette intention se confirme par d'autres dispositions constitutionnelles. Selon l'article 14 de la Constitution, « Le président de la République accrédite les ambassadeurs [...] ; les ambassadeurs [...] sont accrédités auprès de lui ». L'article 52 lui confère les plus hautes fonctions en matière de négociation et de ratification des traités internationaux les plus importants : les engagements en forme solennelle. En complément de ces dispositions constitutionnelles, le président de la République possède *de fait* le pouvoir de représenter l'État sur la scène internationale. Ce pouvoir traditionnel se manifeste par les visites à l'étranger, dans le cadre de voyages officiels, au cours desquelles le chef de l'État impulse les relations diplomatiques.

Le domaine réservé renferme également les matières touchant à la Défense nationale. Nonobstant l'article 20 (« Le gouvernement [...] dispose de la force armée ») et l'article 21 (« Le Premier ministre [...] est responsable de la Défense nationale »), le président s'est octroyé le pouvoir de décider la politique militaire de la France en s'appuyant sur sa qualité de « chef des armées » énoncée par l'article 15 de la Constitution de 1958. Le décret du 12 juin 1996 précise sur ce point que le président « peut décider seul l'engagement des forces nucléaires ». Manifestant cette primauté présidentielle en matière de Défense nationale, le président Jacques Chirac décide – contre l'avis d'une grande partie de la classe politique française et de la communauté internationale – de procéder à des essais nucléaires dans le Pacifique en juin 1995. C'est également le président Jacques Chirac qui s'oppose à la guerre « préventive » contre l'Irak (seconde « guerre du Golfe » déclenchée en mars 2003) en rappelant, en février 2003, que la politique française en matière de crise internationale se fonde prioritairement sur les modes de règlements pacifiques des différends dans le cadre de la diplomatie multilatérale des Nations unies.

Pour le reste, les frontières entre le « domaine réservé » et celui qui ne l'est point reste normalement déterminées par la seule volonté du président de la République. Dès 1961, Georges Berlia souligne que « la frontière entre ces deux domaines ne saurait en effet être délimitée car le chef de l'État dispose d'un véritable droit d'évocation qui lui permet, interprète souverain de la conjoncture politique nationale et internationale, de faire passer un problème, une difficulté pour tout dire, d'un domaine dans l'autre » (« Le président de la République dans la Constitution de 1958 », *Revue de droit public*, 1959, p. 71). Ce constat est confirmé par les relations président/Premier ministre en période « normale » sous la Ve République : le chef de l'État fait *comme si* le domaine réservé existait effectivement, cette réserve de compétence lui permettant d'exclure l'intervention du chef du gouvernement dans certaines matières.

En période de « cohabitation », la question de l'effectivité du « domaine réservé » est un enjeu de pouvoir. Le président continue de prétendre invoquer le « domaine réservé » à son profit. Mais les circonstances l'empêchent de revendiquer une compétence exclusive dans les matières de la politique étrangère et des questions militaires. En effet, le Premier ministre est également reconnu compétent pour intervenir dans ces matières en vertu de l'article 20 de la Constitution (ce qui justifie pleinement une prochaine réécriture de cette disposition). Ainsi, le chef du gouvernement Lionel Jospin a-t-il accompagné le chef de l'État, Jacques Chirac, lors de la plupart des sommets européens et internationaux entre 1997 et 2002. Des tensions et oppositions sont venues brouiller la position officielle de la France, le président de la République n'hésitant pas à utiliser les compétences que lui accordent les textes pour (tenter de) nuire à la politique de la majorité gouvernementale. En somme, ce qu'on appelle le « domaine réservé » devient un domaine *disputé* en cohabitation. Il reste que, dans ces périodes de crise institutionnelle, le président continue d'exercer une prééminence certaine. Le 14 juillet 1997, Jacques Chirac affirme que sur les questions internationales et européennes : « [...] Le dernier mot appartient au président de la République ». Et personne ne conteste au chef de l'État ses prérogatives dans la mesure où la Constitution en fait le chef de la diplomatie française, en toutes circonstances.

Pierre Messmer (5 juillet 1972)
Pierre Messmer (2 avril 1973)
Pierre Messmer (27 février 1974)
Présidence de Valéry Giscard d'Estaing
Jacques Chirac (27 mai 1974)
Raymond Barre (27 août 1976)
Raymond Barre (30 mars 1977)
Raymond Barre (5 avril 1978)
Présidence de François Mitterrand
Pierre Mauroy (27 mai 1981)
Pierre Mauroy (23 juin 1981)
Pierre Mauroy (22 mars 1983)
Laurent Fabius (19 juillet 1984)
Jacques Chirac (20 mars 1986)
Présidence de François Mitterrand
Michel Rocard (10 mai 1988)
Michel Rocard (23 juin 1988)
Édith Cresson (15 mai 1991)
Pierre Bérégovoy (2 avril 1992)
Édouard Balladur (29 mars 1993)
Présidence de Jacques Chirac
Alain Juppé (17 mai 1995)
Alain Juppé (7 novembre 1995)
Lionel Jospin (2 juin 1997)
Présidence de Jacques Chirac
Jean-Pierre Raffarin (6 mai 2002)
Jean-Pierre Raffarin (17 juin 2002)
Dominique De Villepin (31 mai 2005)
Présidence de Nicolas Sarkozy
François Fillon (17 mai 2007)
François Fillon (19 juin 2007)
François Fillon (14 novembre 2010)
Présidence de François Hollande
Jean-Marc Ayrault (15 mai 2012)
Jean-Marc Ayrault (21 juin 2012)
Manuel Valls (31 mars 2014)
Manuel Valls (25 août 2014)
Manuel Valls (11 février 2016)

Bernard Cazeneuve (6 décembre 2016-10 mai 2017)
Présidence d'Emmanuel Macron
Édouard Philippe (15 mai 2017-19 juin 2017)
Édouard Philippe (21 juin 2017-...)

1. Les pouvoirs constitutionnels du Premier ministre

Le Premier ministre n'est sans doute pas « l'homme fort » de la Ve République, la prééminence institutionnelle du président de la République ayant été rappelée par Édouard Philippe lors de sa déclaration de politique générale, le 4 juillet 2017 (« le président de la République doit fixer le sens du quinquennat. Il revient au Premier ministre qui dirige l'action du gouvernement de lui donner corps »). La Constitution et l'évolution du régime ont cependant montré l'importance de la fonction primo-ministérielle au sein des institutions : le Premier ministre est chargé de définir et de mettre en œuvre « la politique de la nation » (art. 20). La réforme constitutionnelle du 23 juillet 2008 n'a pas transféré cette mission au président de la République.
Le texte constitutionnel consacre la diversité des prérogatives du Premier ministre chargé essentiellement de diriger le gouvernement, d'être le chef de l'administration et d'entretenir les relations de l'exécutif avec le Parlement.

→ Le chef du gouvernement

La fonction première du Premier ministre consiste à diriger l'action du gouvernement. À ce titre, le Premier ministre peut être qualifié de chef du gouvernement. Certains auteurs considèrent que cette qualité revient au président de la République dans la mesure où le chef de l'État préside le Conseil des ministres (art. 9). Toutefois, le président de la République ne fait pas partie du gouvernement : il n'est pas politiquement responsable devant l'Assemblée nationale comme les membres de l'équipe gouvernementale. De plus, l'article 21 de la Constitution indique clairement que : « Le Premier ministre dirige l'action du gouvernement. »
Au titre de chef du gouvernement, le Premier ministre exerce avant tout une influence politique sur le choix des membres de l'équipe gouvernementale et il détermine l'action conduite par cette équipe. C'est lui qui propose au président la liste des ministres qui composeront le nouveau gouvernement. En période de cohabitation, cette compétence lui revient à titre principal, le président se trouvant alors dans une configuration politique rendant difficile l'opposition aux ministres choisis par le Premier ministre, à l'exception des personnalités dont le portefeuille reste étroitement lié aux pouvoirs propres du chef de l'État, comme les Affaires étrangères ou la Défense nationale. Le Premier ministre décide, en accord avec le président de la République, les grandes orientations de la politique de la nation. À ce titre, la

Constitution indique clairement qu'il est l'autorité de l'exécutif chargée d'engager la responsabilité du gouvernement devant l'Assemblée nationale, que ce soit sur la base de son programme ou sur une déclaration de politique générale (art. 49).
La direction gouvernementale s'exerce par un pouvoir général de coordination reconnu au Premier ministre. À cet égard, le chef du gouvernement édicte des instructions et des circulaires destinées à guider et encadrer l'action des membres du personnel ministériel. À titre d'exemple, la circulaire adressée par Michel Rocard à son équipe gouvernementale le 25 mai 1988 expose avec précision « Les méthodes de travail du gouvernement ».
Pour conduire cette tâche au quotidien, le Premier ministre s'appuie de plus sur une soixantaine de services qui lui sont directement rattachés comme le secrétariat général du gouvernement (SGG). Cette organisation administrative se compose de membres permanents (un changement politique de gouvernement n'affecte pas le SGG) qui assurent la continuité de l'action gouvernementale. À ce titre, le SGG prépare le travail gouvernemental en convoquant les réunions interministérielles (on qualifie cette institution de « greffier de la République »), préparant l'ordre du jour du Conseil des ministres et assurant les relations avec le Parlement (en collaboration avec le ministre chargé des relations avec le Parlement). De plus, le SGG joue un rôle essentiel dans la procédure législative : en cas de saisine constitutionnelle, il est chargé de défendre la loi votée par un mémoire déposé au Conseil constitutionnel ; il vérifie que la loi votée comporte bien les signatures exigées par la Constitution ; il supervise la publication des lois au *Journal officiel de la République française.*

→ Le chef de l'administration

En vertu de l'article 20 de la Constitution, le gouvernement « dispose de l'administration et de la force armée ». Chef du gouvernement, le Premier ministre dirige naturellement l'ensemble de l'administration. Il dispose théoriquement du pouvoir réglementaire de droit commun (pouvoir d'édicter des règlements, textes de portée générale) afin d'assurer d'une part l'exécution des lois votées par le Parlement et, d'autre part, l'action propre du gouvernement. L'article 21 de la Constitution énonce que le Premier ministre exerce le pouvoir réglementaire sous réserve des dispositions de l'article 13, lequel confère au président de la République la compétence de signer les décrets délibérés en Conseil des ministres. En droit, le Premier ministre se présente donc comme le titulaire de droit commun du pouvoir réglementaire, le président de la République n'exerçant en la matière qu'une compétence d'attribution. On a cependant souligné les difficultés concernant le partage entre les deux titulaires du pouvoir réglementaire.
Auteur des actes réglementaires, le Premier ministre se trouve ainsi à l'origine de nombreux textes (principalement des décrets) qui concernent l'ensemble des citoyens

et des services de l'État (seuls les décrets délibérés en Conseil des ministres échappent à sa compétence). En pratique, ce sont près de 1 500 décrets qui émanent chaque année de son autorité. De plus, sa signature (contreseing) est rendue obligatoire pour plusieurs catégories de décrets émanant du président de la République, comme le prévoit l'article 19 de la Constitution : « Les actes du président de la République autres que ceux prévus aux articles 8 (al. 1er), 11, 12, 16, 18, 54, 56 et 61 sont contresignés par le Premier ministre et, le cas échéant, par les ministres responsables. » Enfin, le Premier ministre donne son aval à tout ministre qui entend adopter des mesures réglementaires destinées à être publiées au *Journal officiel de la République française*. La Constitution n'épuise d'ailleurs pas l'étendue du pouvoir réglementaire du Premier ministre. La jurisprudence accorde au chef du gouvernement le pouvoir réglementaire de police générale, consacré sous la IIIe République au profit du président de la République (CE, 8 août 1919, *Labonne*, *Rec. Lebon*, p. 737). Ce pouvoir, qui s'exerce sans base textuelle (l'autorité investie du pouvoir de police générale intervient sans avoir besoin d'une autorisation législative préalable), correspond à la capacité de prendre des mesures nationales destinées à assurer le maintien de l'ordre public sur le territoire.

→ Le lien avec le Parlement

Le Premier ministre se présente comme l'autorité chargée d'impulser et d'entretenir les relations de l'exécutif avec le Parlement. Chef de file naturel de la majorité parlementaire, il exerce sur les députés de la majorité une autorité politique nécessaire à l'efficacité de l'action gouvernementale. Sans le soutien de la majorité parlementaire, le Premier ministre ne saurait mettre en œuvre le programme politique du gouvernement : « Lorsque l'Assemblée nationale [...] désapprouve le programme ou une déclaration de politique générale du gouvernement, le Premier ministre doit remettre la démission du gouvernement. »

Pour souder sa majorité parlementaire, le chef du gouvernement dispose de ressources parlementaires variées. Il coordonne les réponses aux séances de questions au gouvernement. Il prononce des discours devant les groupes parlementaires et organise des réunions avec les députés de la majorité.

En matière législative, le Premier ministre maîtrise la procédure de fabrication de la loi. Il fixe l'ordre du jour des assemblées ; il oriente la discussion des textes de loi ; il peut décider de la tenue de séances parlementaires supplémentaires : « Le Premier ministre, après consultation du président de l'assemblée concernée, ou la majorité des membres de chaque assemblée, peut décider de la tenue de jours supplémentaires de séance. » (art. 28, al. 3). Il dispose du droit de saisir le Conseil constitutionnel afin de vérifier la constitutionnalité des lois votées (pour la loi ordinaire, la mise en œuvre de ce droit reste facultative ; pour les lois organiques,

la saisine constitutionnelle est obligatoire) ou en vue de protéger le domaine réglementaire (suivant la procédure, déjà évoquée, art. 37, al. 2). Il apparaît dans cette fonction comme le lien institutionnel entre le chef de l'État et le Parlement.
Le Premier ministre apparaît, enfin, comme un conseiller du président de la République concernant le recours au droit de dissolution de l'article 12 (Georges Pompidou, en 1968, et Alain Juppé, en 1997, sont à l'origine de la dissolution de l'Assemblée nationale) ou la convocation d'une session extraordinaire du Parlement (art. 29).

B– Les autres membres du gouvernement

Les autres membres du gouvernement correspondent à l'ensemble des ministres. Homme politique avant tout, le ministre est solidaire de l'action gouvernementale dont il partage la responsabilité politique collective devant le Parlement. Le ministre est également le chef d'une administration placée sous son autorité (administration des Finances, de l'Intérieur, de l'Éducation nationale, de la Justice, des Affaires étrangères…).
Bien qu'elle corresponde à une fonction souvent éphémère (Thomas Thévenoud fut secrétaire d'État pendant neuf jours dans le second gouvernement de Manuel Valls, quittant ses fonctions le 4 septembre 2014 ; Alain Juppé doit démissionner de son poste de ministre d'État, obtenu en mai 2007, suite à sa défaite aux élections législatives des 10 et 17 juin 2007), la condition ministérielle jouit d'un prestige incontestable. Cette haute considération sociale et symbolique de l'image du ministre tranche radicalement avec le caractère précaire de son statut et les faibles attributions qui lui sont conférées. Le projet de réforme constitutionnelle de 2018 rendrait incompatibles les fonctions de membre du gouvernement avec l'exercice d'une fonction exécutive locale ou de présidence d'une assemblée délibérante d'une collectivité territoriale.

1. Le statut ministériel

L'examen du mode de nomination et de cessation des fonctions ministérielles atteste de l'étroite dépendance des membres du gouvernement à l'égard du Premier ministre et du président de la République. Les ministres s'engagent à assurer leur fonction dans le respect de la déontologie et ils sont, de plus, pénalement responsables et s'engagent, depuis les années 1990, à démissionner en cas de mise en examen judiciaire.

→ La nomination et la cessation des fonctions ministérielles

Les ministres sont nommés par le président de la République sur proposition du Premier ministre (art. 8). Il serait vain de vouloir évaluer l'influence respective des deux têtes de l'exécutif dans la procédure de nomination ministérielle, le tempérament et la personnalité des hommes rendant chaque constitution de gouvernement unique. La pratique indique cependant que le président de la République contrôle étroitement les nominations, en exigeant souvent la présence de certains noms dans les domaines concernés par les pouvoirs propres – exposant les exigences du président François Mitterrand dans la nomination de son gouvernement, Michel Rocard avoue n'avoir réussi « à choisir personnellement » que six ou sept ministres en 1988.

En règle générale, les membres du gouvernement sont choisis parmi les députés et les sénateurs même si, depuis l'élection du président Macron en mai 2017, des personnalités « de la société civile » se voient confier un portefeuille ministériel important (cas, dans le premier gouvernement d'Édouard Philippe, du journaliste Nicolas Hulot, ministre d'État chargé de la Transition écologique, d'Agnès Buzyn, médecin, ministre des Solidarités et de la Santé, ou de Jean-Michel Blanquer, professeur de droit public, ministre de l'Éducation nationale).

L'article 23 de la Constitution indique que « les fonctions de membres du gouvernement sont incompatibles avec l'exercice de tout mandat parlementaire [...] ». En conséquence, un député ou un sénateur qui entre au gouvernement s'engage à renoncer à son mandat parlementaire et à céder la place à son suppléant (mais – curiosité constitutionnelle française – certains ministres candidatent aux élections législatives). De plus, l'article 23, tel que l'envisage le projet de loi constitutionnelle de 2018, pourrait prévoir que « les fonctions de membres du gouvernement sont, en outre, incompatibles avec l'exercice de toute fonction exécutive ou de présidence d'assemblée délibérante au sein des collectivités régies par les titres XII et XIII [...] ». Le ministre devrait ainsi se consacrer exclusivement à sa fonction nationale – ce qui est déjà une exigence largement en vigueur dans la pratique gouvernementale (mais pas toujours respectée, à l'instar de Jean-Yves Le Drian qui a cumulé les fonctions de ministre de la Défense et de président de la région Bretagne entre 2012 et 2017).

Par ailleurs, d'autres incompatibilités sont énoncées par l'article 23 de la Constitution. Ainsi, un membre du gouvernement ne peut exercer une « représentation professionnelle à caractère national » (de type syndical) ni exercer simultanément « tout emploi public » (un fonctionnaire nommé au gouvernement se trouve placé dans une position de « détachement d'office » ; il est réintégré dans son corps d'origine une fois ses fonctions gouvernementales achevées). Enfin, il est interdit de cumuler une activité privée (fonction de direction d'une entreprise ; activité libérale) avec la fonction ministérielle afin de limiter les confusions d'intérêts publics/privés.

Les membres du gouvernement sont par ailleurs soumis au respect d'obligations déontologiques. Ils doivent exercer leur mission en toute « exemplarité » (circulaire du Premier ministre Édouard Philippe du 24 mai 2017) et doivent déclarer leur patrimoine, leurs activités et leurs intérêts auprès de la Haute Autorité pour la Transparence de la Vie Publique (loi n°2013-907 du 11 octobre 2013 relative à la transparence de la vie publique), puis lois confiance dans la vie politique du 15 septembre 2017.

Le nombre des membres du gouvernement est librement fixé par le Premier ministre, en accord avec le président de la République. Le chiffre varie depuis les débuts de la Ve République, le record ayant été atteint par les gouvernements de Michel Rocard en 1988 et 1990 qui comportaient une cinquantaine de ministres et secrétaires d'État. Sous la présidence d'Emmanuel Macron, si le gouvernement d'Édouard Philippe I correspondait, avec 22 membres (11 hommes et 11 femmes) à une équipe ministérielle « resserrée », le gouvernement Édouard Philippe II (21 juin 2017) comporte 15 ministres et 15 secrétaires d'État.

La structure de l'équipe gouvernementale apparaît fortement hiérarchisée. Sous l'autorité du Premier ministre, qui reste le premier des ministres, deux grandes catégories se différencient hiérarchiquement : celle des ministres et celle des secrétaires d'État. Le titre de ministre est conféré aux membres du gouvernement qui participent régulièrement au Conseil des ministres, les secrétaires d'État n'y étant conviés qu'exceptionnellement. Au sein de la catégorie des ministres, il est possible de distinguer, par ordre protocolaire, les ministres « d'État » (par exemple, dans le gouvernement Édouard Philippe II, Gérard Collomb, ministre de l'Intérieur et Nicolas Hulot, ministre de la Transition écologique et solidaire), les ministres « à portefeuille » (dénomination concernant la plupart des ministres), les ministres « délégués » ou ministres chargés d'un secteur (qui sont rattachés à un autre ministre ou au Premier ministre). Les secrétaires d'État occupent le rang protocolaire inférieur. Ils exercent leurs fonctions soit de façon autonome (dans ce cas ils bénéficient des mêmes compétences que les ministres), soit par délégation d'un ministre (ils ne peuvent alors pas contresigner les décrets ministériels). Le gouvernement Édouard Philippe II comporte, de manière inédite, un ministre et des secrétaires d'État « sans portefeuille ».

En dehors de la situation particulière du décès d'un ministre dans l'exercice de ses fonctions (cas de Robert Boulin en 1979), deux modalités de cessation des fonctions ministérielles sont envisageables. La première correspond à la démission collective du gouvernement. Si le Premier ministre présente sa démission au président de la République, l'ensemble du personnel ministériel est révoqué. La seconde renvoie à la démission individuelle, spontanée (Jean-Pierre Chevènement a démissionné à trois reprises, la démission la plus médiatique éclatant en pleine guerre du Golfe, le 29 janvier 1991, tandis qu'il occupait le poste de ministre de la Défense) ou provoquée, d'un ministre. L'article 8, alinéa 2, de la Constitution dispose sur ce dernier point que sur proposition du Premier ministre, le président de la République met fin aux fonctions des membres du gouvernement. Si, comme on l'a vu, la cessation des fonctions du Premier ministre n'est pas réglementée par la Constitution, il n'en est donc pas de même pour le personnel ministériel : tout ministre est tenu de quitter le gouvernement si telle est la volonté du chef de l'État. Cette révocation, qui s'exprime par décret présidentiel, n'est pas toujours la conséquence d'un fait du prince. Elle résulte parfois d'une sanction politique. Ainsi, certains ministres ont été invités à cesser leurs fonctions suite à des prises de position ou des attitudes jugées incompatibles avec l'action gouvernementale (le cas le plus célèbre étant celui des ministres frondeurs, Benoît Hamon, Arnaud Montebourg et Aurélie Filippetti en août 2014). Elle découle également d'une nomination du ministre à un autre poste : certaines personnalités ont été promues à des fonctions incompatibles avec celles de membre de gouvernement (cas de Robert Badinter nommé président du Conseil constitutionnel en 1986).

→ La responsabilité pénale des ministres

Jusqu'en 1993, la responsabilité pénale des ministres était « alignée » sur celle du président de la République. En pratique, aucun ministre de la Ve République n'a été sanctionné par un juge répressif pour d'éventuelles infractions commises dans l'exercice de ses fonctions ministérielles. L'affaire du « sang contaminé » (qui correspond aux décès par contamination du virus du sida de plusieurs centaines d'hémophiles en France imputés à des négligences de l'administration de la Santé dans les années 1984-1985) a provoqué un débat national sur la question de la responsabilité pénale des ministres. Le 23 octobre 1992, trois anciens responsables de la Santé sont condamnés à des peines privatives de liberté par la justice pour tromperie sur la qualité des produits sanguins. L'absence de mise en cause de deux anciens ministres, Georgina Dufoix et Edmond Hervé (dont la ligne de défense se résume alors à la désormais célèbre formule « responsable mais pas coupable ») et du Premier ministre de l'époque, Laurent Fabius, suscite l'émotion. Il leur est reproché principalement de ne pas avoir ordonné le dépistage et la destruction des stocks sanguins litigieux antérieurs au 1er août 1985, de ne pas avoir tenté de rappeler les transfusés.

Dans ce contexte, la révision du 27 juillet 1993 ajoute un titre X à la Constitution de 1958 intitulé « De la responsabilité pénale des membres du gouvernement ». Composé des articles 68-1, 68-2 et 68-3, ce dispositif constitutionnel proclame un principe qui facilite la mise en cause de la responsabilité pénale des membres du gouvernement :

« Les membres du gouvernement sont pénalement responsables des actes accomplis dans l'exercice de leurs fonctions et qualifiés crimes ou délits au moment où ils ont été commis. » (art. 61-1).

La révision constitutionnelle de 1993 institue une Cour de justice de la République (la CJR) qui est une juridiction pénale formée de douze parlementaires et de trois magistrats de la Cour de cassation (dont l'un préside la CJR). « Toute personne qui se prétend lésée par un crime ou délit commis par un membre du gouvernement peut porter plainte. » (art. 68, al. 2). La révision de 1993 a donc permis de rapprocher un peu la responsabilité pénale des ministres de celle des autres citoyens (tout en accentuant la différence de traitement que la Constitution opère entre le président de la République et les membres du gouvernement). Il faut cependant constater que la compétence de la CJR se limite aux actes accomplis dans l'exercice de la fonction ministérielle. Les actes détachables de ces fonctions relèvent du droit commun. De plus, la mise en œuvre du nouveau mécanisme de responsabilité pénale des ministres a révélé les limites de la « pénalisation » de la responsabilité ministérielle. Le 9 mars 1999, la Cour de justice de la République se prononce – sous la pression médiatique – dans le cadre du « volet politique » de l'affaire du « sang contaminé ». Les trois membres du gouvernement mis en cause pour leur éventuelle faute dans la gestion de l'administration de la Santé sont déférés devant la Cour plus de quinze ans après les faits reprochés. La procédure apparut alors décevante dans la mesure où les victimes ne purent se porter partie civile devant la Cour. Mais surtout, le verdict prononcé déboucha sur deux relaxes (dont celle de l'ancien Premier ministre, Laurent Fabius) et une condamnation sans peine à l'encontre d'Edmond Hervé.

Depuis sa création, la CJR a organisé cinq procès et elle a prononcé cinq relaxes. Le 19 décembre 2016, Christine Lagarde, ancienne ministre de l'Économie (2007-2011), est condamnée pour « négligence » à propos de l'arbitrage favorable à l'homme d'affaire Bernard Tapie en 2008. Mais cette condamnation est dispensée de peine par la CJR. Ce verdict a immédiatement relancé le débat sur la réforme de l'institution. Le projet de réforme constitutionnelle de 2018 envisage de supprimer cette juridiction spéciale. Dans l'avenir, les membres du gouvernement seraient jugés par la Cour d'appel de Paris pour les crimes et délits commis dans l'exercice de leurs fonctions. Un filtre exercé par la commission des requêtes (composée de magistrats de la Cour de cassation, du Conseil d'État et de la Cour des comptes) reste nécessaire afin d'éviter des poursuites abusives ou liées à des considérations partisanes. En outre, seuls des magistrats professionnels pourront prendre part au jugement.

Dans l'hypothèse où un membre du gouvernement fait l'objet d'une mise en examen judiciaire (et indépendamment de l'hypothèse précédente qui concerne les crimes et délits accomplis dans l'exercice des fonctions ministérielles), les Premiers ministres peuvent exiger, en vertu de la règle non écrite dite « Bérégovoy-Balladur », que le ministre démissionne (cas de Jerôme Cahuzac en 2013). Née en 1992 au moment de la mise en examen de Bernard Tapie, ministre de la Ville dans le gouvernement de Pierre Bérégovoy, cette pratique évite un conflit d'intérêts au sein du gouvernement entre le ministre de la Justice et son collègue mis en examen. Elle permet aussi de protéger le gouvernement en dissociant clairement la personnalité mise en cause du collectif gouvernemental. La règle n'est cependant pas obligatoire : sous les gouvernements Fillon (2007-2012), la mise en examen n'a pas toujours impliqué le départ du ministre concerné (cas, par exemple, d'André Santini en 2007 ou de Brice Hortefeux en 2010 ; néanmoins Georges Tron quitta ses fonctions en 2011 avant sa mise en examen). Sous le gouvernement d'Édouard Philippe I, quatre ministres se sont retirés pour des motifs d'ordre judiciaire en juin 2017 (Richard Ferrand, François Bayrou, Sylvie Goulard et Marielle de Sarnez). Toutefois, une enquête préliminaire diligentée contre un ministre n'emporte pas la cessation de sa fonction (au début de l'année 2018, deux ministres concernés par des soupçons de harcèlement sexuel et viol sont restés membres du gouvernement).

2. Des attributions limitées

La Constitution n'accorde pas au personnel ministériel la compétence d'édicter des normes de portée générale et impersonnelle. Le pouvoir réglementaire national est réservé aux deux plus hautes autorités de l'exécutif, le président de la République (art. 13) et le Premier ministre (art. 21 et 37). Cette absence de pouvoir réglementaire des ministres, consacrée par la jurisprudence (CE, 23 mai 1969, *Sté Distillerie Brabant et cie*, *Rec. Lebon*, p. 264), est à peine compensée par la reconnaissance aux ministres d'attributions mal définies, à l'autorité incertaine, bien qu'indispensables au fonctionnement de l'appareil d'État.

Ainsi le deuxième alinéa de l'article 21 dispose, de manière imprécise, que le Premier ministre « peut déléguer certains de ses pouvoirs aux ministres ». Sur le fondement de cette disposition, les ministres peuvent être invités à poser des règles générales pour les matières concernant leur département. La jurisprudence reconnaît traditionnellement aux ministres le pouvoir de prendre, au titre de « chef de service », « les mesures nécessaires au bon fonctionnement de l'administration des services placés sous leur autorité » (CE, 7 février 1936, *Jamart*, *Rec. Lebon*, p. 172). Mais cette reconnaissance d'un pouvoir d'organisation ne débouche pas sur un pouvoir réglementaire général. Le ministre se voit par exemple accorder, par des directives (CE, 11 décembre 1970, *Crédit foncier de France*, *Rec. Lebon*, p. 750), le droit d'énoncer des orientations générales relatives à l'action de l'administration qu'il dirige. Ce pouvoir d'orientation n'est pas analysé comme un pouvoir de nature réglementaire bien qu'il puisse être opposable à l'égard des administrés.

Pour sa part, l'article 22 de la Constitution dispose que :

« Les actes du Premier ministre sont contresignés, le cas échéant, par les ministres chargés de leur exécution. »

Et l'article 19 prévoit que :

« Les actes du président de la République [...] sont contresignés par le Premier ministre et, le cas échéant, par les ministres responsables. »

Ces dispositions constitutionnelles indiquent que le ministre peut être invité par le Premier ministre à être formellement associé à la rédaction de certains décrets. Il est ainsi possible d'opérer une distinction entre deux types de décrets, bien que cette dichotomie ne soit pas toujours évidente à percevoir. À côté des décrets dont le ministre est « responsable », au sens de l'article 19, existent les décrets dont le ministre n'est pas responsable. La jurisprudence administrative précise que « les ministres responsables sont ceux auxquels incombent, à titre principal, la préparation et l'application des décrets dont il s'agit » (CE, 9 novembre 1962, *Sieur Siestrunck*, *Rec. Lebon*, p. 625). Pour cette première catégorie de décrets, qui ne concerne que les décrets délibérés en Conseil des ministres, il est envisageable de considérer que le ministre apparaît comme un coauteur de l'acte réglementaire dans la mesure où il participe de façon décisionnelle à l'élaboration du décret. En revanche, la sollicitation d'un ministre pour signer (sur la délégation du Premier ministre, comme le prévoit l'article 21) ou contresigner (art. 22) un décret du Premier ministre ne saurait, en règle générale, signifier que le ministre est un coauteur de l'acte réglementaire. La jurisprudence, soutenue par une grande partie de la doctrine, considère en effet que la signature ministérielle s'analyse comme un acte par lequel le ministre s'engage à exécuter l'acte concerné, non comme une participation à l'exercice du pouvoir réglementaire. En ce sens, le Conseil d'État considère que « les ministres chargés de l'exécution sont ceux qui ont compétence pour signer ou contresigner les mesures réglementaires ou individuelles que comporte nécessairement l'exécution du décret » (CE, 27 avril 1962, *Sicard*, *Rec. Lebon*, p. 279).

II. L'action du gouvernement

Les grandes décisions qui marquent l'action du gouvernement sont prises collectivement en Conseil des ministres. L'examen des attributions constitutionnelles de cette autorité collégiale, qui réunit régulièrement (en principe, tous les mercredis matin à l'Élysée) les membres du gouvernement sous la présidence du président de la République, démontre que le gouvernement se situe au centre des problèmes de la vie nationale (**A**). L'étude particulière du mécanisme des ordonnances de l'article 38 souligne, par ailleurs, que pour conduire la politique nationale, le gouvernement peut exercer momentanément le pouvoir législatif (**B**).

A– Le Conseil des ministres

Le Conseil des ministres rassemble les membres du gouvernement ayant rang de ministre, le Premier ministre et le président de la République.

1. Conseil des ministres et Conseil de gouvernement

Cette instance collégiale officielle ne se confond pas avec le Conseil de gouvernement (ou Conseil de cabinet), qui désigne la réunion des membres du gouvernement sous la direction du Premier ministre hors la présence du chef de l'État. Considérés comme une pratique désuète, les Conseils de gouvernement ont été relancés par la « cohabitation ». Durant cette période d'hostilité politique entre la majorité parlementaire et le président de la République, le Conseil des ministres ne peut plus être le lieu de la délibération et de la cohésion gouvernementales. Il se transforme en point de rencontre « obligé » (par la Constitution) mais « crispé » entre les membres de l'exécutif dont les deux plus hautes autorités se retrouvent en « représentation », le Premier ministre représentant la majorité parlementaire au cœur de l'exécutif et le président de la République représentant à la fois la continuité de l'État mais aussi l'opposition parlementaire.
Dans ces circonstances, il n'est pas surprenant de constater que les réunions du Conseil des ministres des trois cohabitations (1986-1988 ; 1993-1995 ; 1997-2002) sont expédiées et réduites à entériner des décisions prises en amont. On comprend également pourquoi les Premiers ministres (ce fut en particulier le cas de MM. Édouard Balladur, lors de la seconde cohabitation, et Lionel Jospin, lors de la troisième cohabitation) trouvent dans les rencontres du Conseil de gouvernement un espace propice à la formation et à l'expression de la solidarité gouvernementale.

2. La présidence du Conseil des ministres

L'une des particularités du Conseil des ministres est d'être présidé par le président de la République, qui n'appartient pas, à strictement parler, au gouvernement (par comparaison, dans le régime anglais, le Conseil des ministres, qui se nomme réunion du Cabinet, se déroule sous la présidence du Premier ministre, le monarque n'assistant jamais aux délibérations gouvernementales). « Le président de la République préside le Conseil des ministres. » (art. 9).

Cette présidence emporte plusieurs conséquences :

- En premier lieu, c'est le président de la République qui décide de l'ordre du jour du Conseil des ministres. Celui-ci est fixé sur proposition du Premier ministre, ce qui est parfois source de conflits en période de cohabitation dans la mesure où, comme on l'a vu, le Président s'est octroyé le droit de mettre un veto à l'inscription d'un projet de loi en Conseil des ministres. Cet ordre du jour, généralement élaboré le lundi entre le président de la République et le secrétaire général du gouvernement, comprend en principe trois parties : une partie A qui concerne les projets de loi, les ordonnances et les décrets ; une partie B qui vise les mesures individuelles telles les nominations des hauts fonctionnaires et des officiers ; une partie C, où figurent les communications diverses des ministres, en particulier celles du ministre des Affaires étrangères. À titre exceptionnel, une partie D peut être programmée. Elle consiste à organiser des « échanges » sur une question particulière. Le président Macron a par exemple activé la partie D lors du Conseil des ministres du 24 mai 2017 à propos du projet de loi renforçant la confiance dans la vie publique.

- En deuxième lieu, le président de la République convoque les ministres et secrétaires d'État de son choix. Généralement, la composition du Conseil des ministres reste déterminée par les matières concernées par l'ordre du jour, mais elle est toujours variable. Le général de Gaulle avait l'habitude de convoquer l'ensemble du personnel gouvernemental. Ses successeurs apparaissent réticents pour convoquer les secrétaires d'État si les sujets inscrits ne les concernent pas directement.
- En troisième lieu, le président de la République reste tenu continuellement informé de l'action gouvernementale en assurant la présidence du Conseil des ministres. Le chef de l'État prend part aux délibérations du Conseil, il lui revient d'ailleurs le privilège de clore les débats sur chaque sujet.

3. Les décisions prises en Conseil des ministres

Les délibérations du Conseil des ministres ne sont pas publiques, seuls le Secrétaire général du gouvernement et le Secrétaire général de la présidence de la République y assistent. Un communiqué rendu après chaque réunion informe des décisions prises et des communications présentées par les ministres au cours de la séance.

Le Conseil des ministres n'est pas assimilable à une assemblée délibérante compétente pour voter des normes juridiques de portée générale. En droit, les décisions prises en Conseil des ministres ne sont pas adoptées par le Conseil des ministres mais par les autorités titulaires soit du pouvoir réglementaire (sous la forme des décrets présidentiels, des décrets du Premier ministre), soit du pouvoir législatif (les projets de loi adoptés en Conseil des ministres deviendront des lois à la fin de la procédure législative). Le Conseil d'État considère sur ce point qu'une délibération du Conseil des ministres n'est pas un acte exécutoire susceptible de faire l'objet d'un recours pour excès de pouvoir (CE, 25 novembre 1977, *Compagnie des architectes en chef*, *Rec. Lebon*, p. 463).

La Constitution de 1958 rend obligatoire la consultation du Conseil des ministres pour prendre un certain nombre de décrets. Il en est ainsi pour les décrets de nominations aux emplois civils et militaires de l'État (« Le président de la République nomme aux emplois civils et militaires de l'État. », art. 13, al. 2. Ce pouvoir de nomination s'exerce par un décret présidentiel délibéré en Conseil des ministres) et pour les ordonnances (l'article 38 de la Constitution dispose que « les ordonnances sont prises en Conseil des ministres après avis du Conseil d'État »).

Le Conseil des ministres doit par ailleurs délibérer sur les projets de loi : « Les projets de loi sont délibérés en Conseil des ministres après avis du Conseil d'État et déposés sur le bureau de l'une des deux assemblées » (art. 39, al. 2). Le Conseil des ministres délibère également sur la décision du Premier ministre d'engager la responsabilité politique du gouvernement : « Le Premier ministre, après délibération du Conseil des ministres, engage devant l'Assemblée nationale la responsabilité du gouvernement sur son programme ou éventuellement sur une déclaration de politique générale. » (art. 49, al. 3). « Le Premier ministre peut, après délibération du Conseil des ministres, engager la responsabilité du gouvernement devant l'Assemblée nationale sur le vote d'un texte. » (art. 49, al. 1).

C'est, enfin, le Conseil des ministres qui constate la survenance de certaines circonstances exceptionnelles. L'article 36 de la Constitution mentionne sur ce point que : « L'état de siège est décrété en Conseil des ministres » (cette décision emporte le transfert momentané des compétences civiles vers les autorités militaires).

Certains auteurs ajoutent à ces attributions constitutionnelles une dernière compétence : le recours au référendum devrait être formellement proposé au président de la République en Conseil des ministres. Cette exigence n'apparaît pourtant pas dans l'article 11 de la Constitution. Et la pratique a souligné que la volonté présidentielle de recourir à cette procédure pouvait parfaitement se passer de la proposition, même formelle, des membres du gouvernement.

La tradition républicaine fait du Conseil des ministres l'autorité compétente pour dissoudre les conseils municipaux (loi du 5 avril 1884) et les congrégations religieuses ainsi que certaines associations (loi du 1er juillet 1901).

En marge des interventions prévues par la Constitution, le Conseil des ministres décide politiquement de l'organisation générale de la procédure législative. C'est lors de ses réunions que se décide l'ordre du jour des assemblées parlementaires, en fonction de l'impulsion que souhaitent donner le président de la République et le Premier ministre à l'action gouvernementale. Le gouvernement prend la décision de déclarer l'urgence sur le vote d'une loi ainsi que l'initiative de faire adopter un texte en dernière lecture par l'Assemblée nationale en Conseil des ministres.

Cette réunion hebdomadaire des ministres sous la présidence du chef de l'État apparaît bien comme un rouage essentiel de l'action gouvernementale car elle est l'instance où se décident les grandes orientations politiques. Le chef de l'État, qui imprime l'unité au sein de ce Conseil, qui en choisit les membres et y détermine l'ordre du jour, dirige, par ce biais, la politique nationale. La « cohabitation » perturbe cet agencement institutionnel en transférant le siège de l'autorité gouvernementale vers le Parlement. L'hostilité de la majorité parlementaire à l'égard du président de la République, qui favorise l'émancipation du Premier ministre, relègue alors le Conseil des ministres à un conseil fantôme.

B– Les ordonnances de l'article 38

L'article 38 de la Constitution officialise, en la réglementant, cette pratique des ex-décrets-lois et des lois-cadres, actes par lesquels l'exécutif des IIIe et IVe Républiques modifiait une loi après en avoir obtenu l'autorisation par le Parlement. Cette forme de législation gouvernementale (cette expression reste évidemment discutable car selon l'article 38 de la Constitution, le gouvernement ne légifère pas par ordonnances mais est autorisé à « prendre des mesures qui sont normalement du domaine de la loi ») présente un avantage par rapport à la procédure législative de droit commun : elle permet d'adopter rapidement des mesures qui deviendront des lois et qui sont urgentes pour la politique gouvernementale (par exemple, la loi du 15 septembre d'habilitation à prendre par ordonnances les mesures pour le renforcement du dialogue social autorise le gouvernement à modifier, par cette technique, le code du travail, la réforme de ce secteur étant l'une des priorités de l'équipe gouvernementale d'Édouard Philippe. En évitant les nombreuses étapes de la procédure législative, la technique des ordonnances revient finalement à donner à l'exécutif les moyens de conduire son action, y compris dans le domaine législatif. L'ordonnance se présente comme un « décret » délibéré en Conseil des ministres, donc signé par le président de la République.

Certaines conditions doivent toutefois être respectées. L'article 38 de la Constitution distingue des conditions de forme et des conditions de fond à leur mise en œuvre : « Le gouvernement peut, pour l'exécution de son programme, demander au Parlement l'autorisation de prendre par ordonnances, pendant un délai limité, des mesures qui sont normalement du domaine de la loi.

Les ordonnances sont prises en Conseil des ministres après avis du Conseil d'État. Elles entrent en vigueur dès leur publication mais deviennent caduques si le projet de loi de ratification n'est pas déposé devant le Parlement avant la date fixée par la loi d'habilitation. »

La première série d'exigences constitutionnelles concerne le respect de règles de forme.

Avant tout, le gouvernement doit obtenir l'autorisation préalable du Parlement de prendre par ordonnances des mesures législatives. Cette autorisation, qui s'exprime par le vote d'une loi ordinaire dite « loi d'habilitation », ne s'assimile pas à une délégation du pouvoir législatif. Le Parlement ne transfère pas au gouvernement la compétence qui est la sienne de voter la loi : « La loi est votée par le Parlement. » (art. 34). Par le vote de la loi d'habilitation, le Parlement donne seulement à l'exécutif l'autorisation de déroger provisoirement au partage constitutionnel du domaine de la loi (art. 34) et du domaine du règlement (art. 37). En pratique, cette autorisation revient à conférer au gouvernement le pouvoir de légiférer. Le Conseil

constitutionnel opère un contrôle des lois d'habilitation car « le gouvernement dans l'exercice des pouvoirs qui lui sont conférés en application de l'article 38 de la Constitution » ne saurait être dispensé « du respect des règles et principes de valeur constitutionnelle. » (CC n° 86-207 DC, 25 et 26 juin 1986).
En second lieu, les ordonnances sont prises en Conseil des ministres « après avis du Conseil d'État ». Cette consultation obligatoire incite le gouvernement à indiquer avec précision les motifs et les finalités du recours aux ordonnances, ces exigences étant aussi vérifiées par le Conseil constitutionnel au moment de l'éventuel contrôle de la loi d'habilitation.
Le déclenchement de la procédure de l'article 38 est également réglementé par des conditions de fond.
Le gouvernement ne dispose que d'une habilitation temporaire, l'article 38 précisant que l'autorisation de prendre par ordonnances des mesures qui sont normalement du domaine de la loi ne vaut que « pendant un délai limité ». La Constitution n'indiquant pas de limites temporelles précises, la pratique est variable en la matière : elle peut varier d'un mois à un an (voire plusieurs années : ainsi pour la mise en place du Marché commun).
La Constitution indique également que le recours aux ordonnances concerne « l'exécution [du] programme » du gouvernement. Le Conseil constitutionnel est venu préciser le contenu de cette exigence. Dans sa décision du 12 janvier 1977 (décision n° 76-72 DC, *Rec.*, p. 31), il exclut toute assimilation entre le programme mentionné à l'article 38 et celui rédigé à l'article 49, alinéa 1er : « Le Premier ministre [...] engage devant l'Assemblée nationale la responsabilité du gouvernement sur son programme [...]. » (art. 49, al. 1er). Par « programme », il convient simplement d'entendre les objectifs que le gouvernement entend réaliser dans un secteur donné. Par conséquent, le déclenchement de la technique des ordonnances implique que l'exécutif fasse connaître au Parlement, lors du dépôt de la loi d'habilitation, « la justification de la demande présentée par lui » (CC, décision n° 86-207 DC, précitée).
Quant à leurs effets, les ordonnances entrent en vigueur au moment où le président de la République accepte de les signer (on a déjà mentionné le droit de veto que s'est octroyé le président François Mitterrand en la matière lorsqu'il a refusé de signer les ordonnances du gouvernement de Jacques Chirac lors de la première cohabitation). En cas de refus présidentiel, le gouvernement ne peut qu'emprunter la voie parlementaire ordinaire pour faire adopter, sous forme de lois, les mesures qu'il entendait prendre par ordonnances. Durant la période d'habilitation et jusqu'à leur ratification, les matières concernées par les ordonnances sont considérées comme relevant du domaine réglementaire. Bien que le contenu d'une ordonnance porte sur une matière législative, la jurisprudence considère cet acte comme un acte administratif, susceptible de faire l'objet d'un recours devant le juge admi-

nistratif (CE, 3 novembre 1961, *Damiani*, *Rec. Lebon*, p. 607). Le gouvernement n'est donc pas titulaire, à titre provisoire, du pouvoir législatif lorsqu'il déclenche le mécanisme de l'article 38. Toutefois, le même article dispose que : « À l'expiration du délai mentionné au premier alinéa du présent article, les ordonnances ne peuvent plus être modifiées que par la loi dans les matières qui sont du domaine législatif. » (art. 38, al. 3). Cette disposition démontre bien qu'au final, la nature juridique de l'ordonnance change à partir du moment où celle-ci est ratifiée par le Parlement. D'acte administratif, l'ordonnance donne naissance à une loi ne pouvant être modifiée que par la loi. Et le passage de l'un à l'autre n'est pas toujours aisé à déterminer dans la mesure où la pratique témoigne du caractère souvent tacite de la ratification parlementaire. Le Conseil constitutionnel admet que la ratification, exigée par l'article 38, alinéa 2, résulte d'une manifestation de volonté implicite du Parlement. En d'autres termes, l'absence de loi de ratification d'une ordonnance n'entraîne pas la caducité de cette dernière. Voilà pourquoi il n'est pas excessif de considérer que le recours aux ordonnances de l'article 38 confirme le dessaisissement des pouvoirs législatifs du Parlement sous la Ve République.

chapitre 10

Le Parlement

Il faut attendre la Constitution de 1958 pour voir apparaître dans un texte constitutionnel français le mot « Parlement » (qui désigne, étymologiquement, le lieu où l'on parle) afin de qualifier les deux chambres qui votent la loi : l'Assemblée nationale (qui siège au Palais-Bourbon) et le Sénat (installé au palais du Luxembourg). Sous les Républiques antérieures, le Parlement se voyait confier l'autorité suprême sur le plan politique. Tous les pouvoirs émanaient de lui. La doctrine de la IIIe République décrivait alors l'Assemblée nationale comme un « organe prépondérant » exerçant « une puissance souveraine » (Carré de Malberg, *La Loi, expression de la volonté générale*, 1931).

La situation de l'institution parlementaire sous la Ve République s'est profondément dégradée. Elle se caractérise par une crise politique et juridique. Le déclin politique est le résultat de la « rationalisation » du parlementarisme souhaitée par les constituants. Le Parlement n'est plus l'institution qui fait la loi (bien qu'il continue de la voter). Dans bien des cas, le Parlement agit telle une chambre d'enregistrement des textes législatifs imposés par le gouvernement (maître de l'initiative), rédigés par l'administration centrale et amendés, sous certaines conditions, par les parlementaires. Le déclin juridique concerne le produit du travail parlementaire. La loi parlementaire n'est plus un acte suprême, comme sous les Républiques antérieures. La loi votée se présente comme un acte subordonné et contrôlé par les juges. Le Conseil constitutionnel veille au respect de la Constitution et les tribunaux ordinaires vérifient la compatibilité de la loi avec les engagements internationaux.

Pour remédier à la « crise » du Parlement, le constituant a engagé une révision fondamentale le 23 juillet 2008. La réforme constitutionnelle vise à améliorer l'organisation des assemblées (**1**) et à revaloriser les fonctions de l'institution parlementaire (**2**).

I. L'organisation des assemblées parlementaires

A– Un Parlement bicaméral

1. Pour ou contre le bicamérisme ?

L'organisation du Parlement en deux assemblées (le bicamérisme) ne se retrouve pas dans toutes les constitutions françaises. L'histoire atteste de la présence à plusieurs reprises de constitutions monocamérales, comme celle de 1791 qui institue un unique corps législatif.

Le principe du bicamérisme sous la Ve République, proclamé par l'article 24 de la Constitution de 1958 – « Le Parlement comprend l'Assemblée nationale et le Sénat. [...] » (art. 24) –, a été souhaité par le général de Gaulle. Dans le discours de Bayeux de 1946, le père fondateur de la Constitution déclare : « Il faut attribuer à une deuxième assemblée élue et composée d'une autre manière, la fonction d'examiner publiquement ce que la première a pris en considération. » La présence de la seconde chambre se justifie donc afin de constituer un frein aux ardeurs de l'Assemblée nationale. Le bicamérisme permet de renforcer l'équilibre des pouvoirs au sein de la procédure législative. Ainsi, la navette parlementaire (art. 45), « va-et-vient » d'un texte entre les deux assemblées, garantit la délibération et apporte de la modération dans la fabrication de la loi.

L'organisation du Parlement français en deux chambres n'est pourtant pas une obligation comme elle l'est dans les États fédéraux. Aux États-Unis ou en Allemagne, la seconde chambre – le Sénat américain, le Bundesrat allemand – représente les États fédérés. Un État unitaire comme la France pourrait parfaitement se passer d'une seconde chambre.

Trois types de critiques sont généralement dirigés contre l'institution sénatoriale en France. Le bicamérisme serait, d'abord, contraire au principe de l'unité de l'État. En vertu de ce dernier, les représentants du peuple devraient se réunir dans une unique assemblée pour exprimer la volonté générale. Seconde critique liée à la première, seule l'Assemblée nationale assurerait fidèlement la représentation du corps électoral. Le Sénat est régulièrement contesté au regard du mode de désignation des sénateurs : tandis que les députés sont élus directement par le peuple, les sénateurs sont désignés suivant un mode de scrutin qui favorise les notables locaux et privilégie la « France rurale » en raison du système électoral qui confère plus d'élus aux départements ruraux (les moins peuplés) qu'aux départements urbains. « Les sénateurs sont les élus du seigle et de la châtaigne » selon une formule célèbre de Maurice Duverger. Enfin, le Sénat n'exercerait qu'une fonction de blocage constitutionnel. Par exemple,

en 1984, le président François Mitterrand veut étendre le champ d'application du référendum aux garanties fondamentales des libertés publiques. Le Sénat bloque cette révision constitutionnelle.
Face à ces trois critiques, différentes réformes ont été proposées. La plus radicale consisterait à supprimer la seconde chambre. Cette proposition reste minoritaire en doctrine car le 5 mai 1946 (rejet du projet de Constitution monocamérale) le peuple a montré son attachement au principe de la seconde chambre. Le projet de LC pour une démocratie plus représentative, responsable et efficace (2018) conserve, en l'état, le Sénat Autre réforme envisagée, faire de la seconde chambre « un organe représentatif des groupes sociaux et des organismes professionnels » selon une idée de Pierre Mendès France reprise par la réforme du général de Gaulle en 1969. Le général souhaitait modifier la composition des sénateurs et transformer le rôle du Sénat en celui d'une chambre consultative. Dans son projet, la seconde chambre devait être composée de 146 sénateurs nommés par des organismes professionnels (comme les chambres de commerce et d'industrie, les syndicats…), 173 sénateurs représentant les collectivités territoriales et élus au suffrage universel indirect et 4 sénateurs pour représenter les Français habitant à l'étranger. Le peuple refusera ce projet le 27 avril 1969. Le général de Gaulle démissionnera.
La question de la légitimité de la Haute assemblée reste récurrente pour deux raisons principales. Tout d'abord, le Sénat serait une assemblée poussiéreuse, représentant la France conservatrice et rurale en raison du mode de scrutin particulier appliqué pour son renouvellement (les sénateurs sont les élus des élus). Ensuite, le Sénat ralentirait de façon dilatoire les réformes portées par l'exécutif. Cette dénonciation du Sénat, récurrente depuis 1875, est caricaturale et discutable. Les travaux du Sénat sont d'excellente qualité, notamment les rapports. Chambre de réflexion, le Sénat prend le temps. Après tout, la loi émotionnelle n'est pas une bonne loi ! Y a-t-il urgence à voter tant de textes législatifs alors même que depuis des années d'aucuns dénoncent la loi bavarde, la loi inutile, la loi inappliquée ? Mais plus fondamentalement, est-ce que la mécanique démocratique, fondée sur le principe de l'équilibre entre les pouvoirs, fonctionnerait mieux avec une seule assemblée ? L'expérience montre que le Sénat, qui n'est pas élu en même temps que le président de la République et qui n'exerce pas exactement les mêmes compétences que la Chambre des députés, est un contre-pouvoir. Est-ce que l'Assemblée nationale peut-en dire autant ? La chambre des députés ne joue-t-elle pas le jeu du soutien inconditionnel à l'égard du gouvernement (la configuration issue des élections de 2017 renforce ce constat) ? Où peut s'exprimer l'opposition politique sinon au Sénat ? La meilleure solution pour aggraver la dérive présidentialiste serait sans doute de supprimer le bicamérisme en France ou d'accélérer la procédure législative (comme l'envisage le projet de révision constitutionnelle de 2018).

2. Les structures du Parlement

Les deux assemblées possèdent des organes sensiblement identiques pour exercer le travail parlementaire. Dirigée par un président – le président de l'Assemblée nationale réside à l'hôtel de Lassay et est élu par ses pairs pour la durée de la législature (cinq ans) ; le président du Sénat réside au Petit-Luxembourg et est élu tous les trois ans par les sénateurs –, chaque chambre est organisée en commissions chargées de préparer, en formations restreintes, le travail législatif. Les membres de l'Assemblée nationale et du Sénat se répartissent en groupes parlementaires en fonction de leurs orientations politiques.

Le président de l'Assemblée nationale (François de Rugy, 2017) et le président du Sénat (Gérard Larcher, 2014) assurent des fonctions constitutionnelles de première importance. Ils représentent l'institution. Ils organisent et dirigent les débats parlementaires. Ils veillent au fonctionnement interne des assemblées en assumant la présidence du bureau (organe composé de parlementaires élus et chargé principalement de diriger les services de l'assemblée, et d'organiser les travaux de chaque assemblée). Ils participent à la conférence des présidents qui fixe l'ordre du jour des débats parlementaires. En dehors de leurs compétences liées au fonctionnement de l'assemblée, les présidents possèdent des attributions constitutionnelles plus étendues. Le président du Sénat assure l'*intérim* de la présidence de la République (art. 7). Le président de l'Assemblée nationale dirige le Congrès du Parlement, organe réunissant, à Versailles, les députés et les sénateurs pour réviser la Constitution selon la procédure parlementaire de l'article 89, alinéa 3. La Constitution sollicite l'avis de chaque président en cas de dissolution (art. 12) ou lors du déclenchement des prérogatives présidentielles de l'article 16. Les présidents exercent un pouvoir de nomination à l'égard des membres du Conseil constitutionnel (art. 56) et des membres d'autorités administratives indépendantes. Ils disposent du droit de saisir le Conseil constitutionnel en vue d'examiner la constitutionnalité d'une loi votée, d'une résolution modifiant le règlement intérieur d'une assemblée (art. 61.1) ou d'un engagement international (art. 54). Ces attributions expliquent l'importance du rang protocolaire de chaque président : le président du Sénat, qualifié à tort de « deuxième personnage de l'État », apparaît en troisième place derrière le président de la République et le Premier ministre. Le président de l'Assemblée nationale figure au quatrième rang (décret du 13 septembre 1989). Les membres du Parlement sont désignés suivant des modalités différentes. Les députés sont élus pour cinq ans au suffrage universel direct. Les sénateurs, dont la durée du mandat a été réduite à six ans depuis la loi organique du 14 février 2014 est venue limiter le « cumul des mandats » électifs en introduisant dans le code électoral (l'article LO 141-1) une interdiction du cumul entre mandat national (député ou sénateur) et un mandat

de direction d'un exécutif local (maire, maire-délégué et adjoint, président et vice-président de conseil départemental, président et vice-président de conseil régional, président et vice-président d'un syndicat mixte).
Chaque assemblée se compose de commissions parlementaires. L'article 43 issu de la révision du 23 juillet 2008 fixe à huit le nombre des commissions législatives permanentes pour chaque assemblée. Chaque parlementaire appartient à une seule commission permanente. La Constitution prévoit aussi la création de commissions spéciales à la demande du gouvernement ou d'une assemblée pour examiner un texte en particulier. Durant l'état d'urgence, la commission des lois de chaque assemblée s'est dotée des mêmes pouvoirs qu'une commission d'enquête pour mettre en place une veille des mesures adoptées et pour formuler des recommandations. Par ailleurs, les députés et les sénateurs peuvent créer une commission d'enquête dont la finalité consiste, sur un sujet ponctuel, à conduire des auditions, à procéder à des vérifications et à publier un rapport terminal.
Les groupes parlementaires sont des structures politiquement importantes – ils rassemblent les députés et les sénateurs en fonction de leurs affinités politiques – mais juridiquement facultatives. Un parlementaire n'est pas tenu de s'inscrire à un groupe parlementaire. Il peut néanmoins être « apparenté », c'est-à-dire bénéficier des droits reconnus aux membres d'un groupe sans pour autant y adhérer. Chaque groupe comporte au minimum quinze membres au Sénat à l'Assemblée nationale. L'intérêt de cette formation est de permettre à ses membres de participer activement à la vie parlementaire : un groupe parlementaire est représenté à la conférence des présidents ; il possède un temps de parole identique à celui des autres groupes (art. 49, al. 1er du règlement de l'Assemblée nationale) lors de la discussion législative ; il peut poser au moins une question lors de la séance des questions au gouvernement, le nombre de questions étant proportionnel à l'importance de chaque groupe. À la suite des élections législatives de 2017, sept groupes parlementaires se sont déclarés à l'Assemblée nationale (situation inédite depuis la IIIe République).

Voir les groupes parlementaires à l'Assemblée nationale (xve législature), p. 166.

B– L'organisation du travail parlementaire

Le travail parlementaire est rythmé par des sessions, périodes durant lesquelles siègent les députés et les sénateurs. Initialement, l'article 28 de la Constitution de 1958 établissait une périodicité assez pointilleuse des sessions ordinaires : deux sessions ordinaires s'ouvraient chaque année, l'une au début du mois d'octobre pour une durée de 80 jours, l'autre au début du mois d'avril pour une durée maximale de 90 jours. Ce mécanisme, destiné à éviter la permanence parlementaire et à renforcer

l'efficacité des travaux législatifs, a été réformé par la révision constitutionnelle du 4 août 1995. À la demande du président de l'Assemblée nationale Philippe Seguin, le Parlement se réunit de plein droit en une session unique : « Le Parlement se réunit de plein droit en une session ordinaire qui commence le premier jour ouvrable d'octobre et prend fin le dernier jour ouvrable de juin. » (art. 28, al. 1er).
Il est toutefois précisé, au même article, que le nombre de jours de séance que chaque assemblée peut tenir ne saurait excéder 120. Néanmoins, le Premier ministre ou la majorité de chaque assemblée peut décider de jours de séances supplémentaires. Cette disposition s'avère très utile pour éviter à un projet de loi non adopté en fin de session parlementaire d'être reporté de quelques mois.
Les articles 29 et 30 de la Constitution prévoient la convocation d'éventuelles sessions extraordinaires du Parlement. Si l'article 29 précise que c'est « à la demande du Premier ministre ou de la majorité des membres composant l'Assemblée nationale » et sur « un ordre du jour déterminé » que s'ouvre la session extraordinaire, la pratique révèle que sous la Ve République le déclenchement de cette procédure relève principalement du président de la République. Le précédent du refus présidentiel de convocation du Parlement en session extraordinaire, le 18 mars 1960, confirme que cette compétence appartient aux pouvoirs propres du chef de l'État.
L'article 30 mentionne cependant une exception à cette règle : il s'agit « des cas dans lesquels le Parlement se réunit de plein droit ». Ces sessions de plein droit – qui se distinguent des sessions ordinaires et des sessions extraordinaires – correspondent à la réunion obligatoire du Parlement dans trois cas : lors du déclenchement des pouvoirs de l'article 16 par le président de la République (« Le Parlement se réunit de plein droit. », art. 16, al. 4), lors des élections législatives qui précèdent une dissolution (« L'Assemblée nationale se réunit de plein droit le deuxième jeudi qui suit son élection. Si cette réunion a lieu en dehors de la période prévue pour la session ordinaire, une session est ouverte de droit pour une durée de 15 jours. », art. 12, al. 3) ou lors d'une prise de parole du président de la République devant le Parlement réuni à cet effet (ce droit de parole du chef de l'État devant le Parlement réuni en congrès étant issu de la réforme du 23 juillet 2008 qui modifie l'article 18 C).

II. Les fonctions du Parlement

A– La fonction législative

Le Parlement ne maîtrise plus la procédure législative. S'il continue de voter la loi (art. 24), la Constitution de 1958 traduit par différents mécanismes la perte d'influence notable de l'institution parlementaire en matière de fabrication législative. Sans revenir sur la limitation du domaine de la loi, on peut mentionner le droit du peuple d'adopter, par référendum (art. 11), la loi à la place du Parlement. Par ailleurs, le gouvernement a la possibilité de légiférer par ordonnances, cette compétence s'exerçant, il est vrai, avec l'autorisation préalable du Parlement (art. 38). De son côté, le Premier ministre peut, en engageant la responsabilité du gouvernement devant l'Assemblée nationale suivant la procédure de l'article 49, alinéa 3, faire adopter un texte sans vote des députés. La révision du 23 juillet 2008 limite cependant le recours à cette procédure (pas plus de deux usages par session). En somme, il est possible qu'une loi soit promulguée sans avoir formellement été votée par le Parlement !

La procédure législative ordinaire se déroule en trois étapes. Une phase préliminaire qui correspond au moment où le gouvernement décide de soumettre au Parlement un projet de loi. Une phase délibérative au cours de laquelle, une fois déposé devant l'une des deux chambres, un texte de loi est discuté et amendé en séance. Une phase d'adoption du texte de loi au terme de laquelle le texte est voté, éventuellement contrôlé par le Conseil constitutionnel, puis promulgué.

1. La phase préliminaire

L'article 39, alinéa 1er, de la Constitution instaure un partage de principe entre le Premier ministre et les membres du Parlement en matière d'initiative des lois :

« L'initiative des lois appartient concurremment au Premier ministre et aux membres du Parlement. »

Si cet article évoque l'idée d'une concurrence entre les projets (d'origine gouvernementale) et les propositions (d'origine parlementaire) de loi, l'usage veut que ce soit le Premier ministre qui déclenche la procédure législative par un décret de projet de loi.

La Constitution impose deux exigences préalables au dépôt du projet de loi devant l'une des deux assemblées : « Les projets de loi sont délibérés en Conseil des ministres après avis du Conseil d'État et déposés sur le bureau de l'une des deux assemblées. [...] » (art. 39, al. 2).

L'examen du projet par le Conseil d'État est destiné à exercer un contrôle préventif de la constitutionnalité et de l'opportunité (le Conseil d'État est guidé par le souci de la bonne administration) du texte. Le Conseil d'État exerce ici une fonction consultative (non juridictionnelle) de conseiller technique du gouvernement : il rend un avis sur le projet de loi, cet avis ne lie pas le gouvernement. Depuis la réforme de 2008, le président d'une assemblée peut soumettre pour avis au Conseil d'État une proposition de loi déposée par l'un des membres de cette assemblée (art. 39, al. 5).

Les propositions de loi représentent, en volume global, un peu moins d'un cinquième des textes présentés à la délibération parlementaire. Lors de la XIe législature, sur

432 lois promulguées, 81 provenaient de propositions de loi. Le dépôt d'une proposition de loi reste en effet soumis à certaines contraintes. Des contraintes politiques, d'abord : les parlementaires ne bénéficient que de la marge de manœuvre que le gouvernement veut bien leur céder, l'exécutif restant maître de la fixation de l'ordre du jour (art. 48). Des contraintes juridiques, également, dont la plus importante est énoncée par l'article 40 de la Constitution :
« Les propositions et amendements formulés par les membres du Parlement ne sont pas recevables lorsque leur adoption aurait pour conséquence soit une diminution des ressources publiques, soit la création ou l'aggravation d'une charge publique. »
Cet article a une influence décisive sur les propositions de loi. Celles-ci ne sauraient emporter de conséquences financières. Or, toute proposition implique, directement ou indirectement, une utilisation des ressources publiques. L'article 40 constitue un réel obstacle à la concrétisation des textes d'origine parlementaire. De plus, l'article 41 rappelle que le gouvernement a la possibilité d'opposer « l'irrecevabilité » d'une proposition de loi qui empiéterait sur le domaine réglementaire.

2. La phase délibérative

Les débats législatifs sont déterminés par un ordre du jour formellement équilibré depuis la réforme de 2008. L'ordre du jour désigne l'ensemble des textes qui seront effectivement discutés devant le Parlement au cours d'une même séance. Le Premier ministre bénéficie toujours d'une priorité dans la fixation de cet agenda législatif : l'article 48 issu de la LC du 23 juillet 2008 lui assure « deux semaines de séances sur quatre » réservées à l'examen des textes dont il demande l'inscription à l'ordre du jour. Toutefois, les parlementaires disposent également d'un ordre du jour prioritaire, « une semaine de séance sur quatre ». En outre, l'article 48, alinéa 5, prévoit qu'un jour de séance par mois est réservé à un ordre du jour déterminé par les groupes d'opposition dans chaque assemblée. Le projet de LC de 2018 renforcerait les prérogatives gouvernementales en élargissant les matières devant être inscrites par priorité pendant la semaine réservée en principe au contrôle du gouvernement.
Au cours de la discussion parlementaire, qui s'exerce d'abord sur l'ensemble du texte (« discussion générale ») puis s'opère article par article, le gouvernement dispose de compétences lui assurant la maîtrise de la confection de la loi : les unes permettent à l'exécutif de canaliser les amendements aux projets de loi ; les autres permettent d'accélérer l'adoption d'un texte en raccourcissant la discussion parlementaire.
Le droit d'amendement, prévu par l'article 44 de la Constitution, consiste à corriger un texte en le complétant, le modifiant ou en supprimant certaines de ses dispositions. Si ce droit appartient collectivement au gouvernement et individuellement

aux membres du Parlement, la pratique confirme que 85 % des amendements relèvent de députés ou de sénateurs, généralement de l'opposition, qui trouvent par ce moyen une compensation à la domination du gouvernement en matière d'initiative (on évoque l'idée d'une « initiative dérivée » à propos de l'exercice du droit d'amendement). La Constitution interdit que l'usage du droit d'amendement parlementaire ne débouche sur l'adoption d'un texte qui, soit aurait pour effet de diminuer les recettes publiques ou d'aggraver les charges publiques (art. 40), soit porterait atteinte au domaine de la loi (art. 41). Le chef du gouvernement dispose également du droit de recourir à la technique du « vote bloqué » prévue par l'article 44, alinéa 3, de la Constitution. À sa demande, l'assemblée concernée se prononce par un seul vote sur tout ou partie d'un texte proposé par le gouvernement. Ce texte ne peut comporter que « les amendements proposés ou acceptés par le gouvernement ». Le Conseil constitutionnel est, pour sa part, intervenu afin de limiter les usages dilatoires et abusifs de ce droit d'amendement. Dans sa décision du 23 janvier 1987, il évoque les « limites inhérentes au droit d'amendement ». Entrent dans ces limites l'adoption par amendement d'un texte reprenant une ordonnance que le président de la République avait refusé de signer (décision n° 86-221 DC, 29 décembre 1986, *Rec.*, p. 179) ou bien encore l'introduction par voie d'amendement d'un nouveau projet de loi : « [...] les adjonctions ou modifications apportées au texte en cours de discussion ne sauraient, sans méconnaître les articles 39, alinéa 1er et 44, alinéa 1er de la Constitution, ni être sans lien avec ce dernier, ni dépasser, par leur objet et leur portée les limites inhérentes à l'exercice du droit d'amendement. » (CC n° 86-227 DC, 23 janvier 1987, *Rec.*, p. 13). La réforme de l'été 2008 donne enfin au Premier ministre le pouvoir d'écarter l'examen de tout amendement qui n'a pas été antérieurement soumis à la commission (art. 44, al. 3). Le projet de LC de 2018 rend plus contraignantes les irrecevabilités puisqu'il prévoit que seraient irrecevables les propositions de loi « sans lien direct » avec le texte déposé.

L'exécutif détient, par ailleurs, la maîtrise de l'accélération de la délibération parlementaire. La procédure d'urgence, déclenchée par le Premier ministre, devant la procédure de droit commun. Elle débouche sur la création d'une commission mixte paritaire. Au cours de la discussion législative, le Premier ministre a le droit de convoquer une commission mixte paritaire composée de sept membres de l'Assemblée nationale et de sept membres du Sénat afin de trouver un compromis sur un projet ou une proposition de loi. La commission mixte paritaire a pour objectif de mettre en accord les députés et les sénateurs sur un texte. Les deux assemblées doivent ensuite voter ce texte en termes identiques mais aucun amendement n'est recevable. Cette technique permet de contourner l'obstruction parlementaire et d'accélérer l'adoption du projet. Son inconvénient réside dans l'incertitude que les quatorze membres de la commission mixte paritaire arrivent à se mettre d'accord sur un texte. Quand la commission mixte paritaire échoue, l'article 45 de la Constitution indique que l'Assemblée nationale peut statuer définitivement, si le gouvernement le souhaite : « Si la commission mixte ne parvient pas à l'adoption d'un texte commun [...] le gouvernement peut, après une nouvelle lecture par l'Assemblée nationale et par le Sénat, demander à l'Assemblée nationale de statuer définitivement. En ce cas, l'Assemblée nationale peut reprendre soit le texte élaboré par la commission mixte, soit le dernier texte voté par elle, modifié le cas échéant par un ou plusieurs des amendements adoptés par le Sénat » (art. 45, al. 4). Le projet de LC de 2018 envisage de réformer la CMP en accélérant la procédure.

3. La phase d'adoption de la loi

L'adoption de la loi se réalise la plupart du temps par le vote parlementaire. Ce vote est libre (l'article 27 dispose en ce sens que « Tout mandat impératif est nul »), public et personnel. Toutefois, en pratique, les parlementaires délèguent à des membres de leur groupe le soin de voter en leur nom. Cette pratique est acceptée par le Conseil constitutionnel sauf « s'il est établi, d'une part, que les députés ont été portés comme ayant émis un vote contraire à leur opinion et, d'autre part, que sans la prise en compte de ces votes, la majorité requise n'aurait pas été acquise » (décision du 23 janvier 1987). En règle générale, l'adoption d'une loi requiert la majorité des suffrages exprimés (qui peut n'être qu'une majorité relative) sauf lorsque la Constitution exige une majorité absolue (à titre d'exemple, l'article 46 exige la majorité absolue des députés en cas de désaccord avec le Sénat pour l'adoption des lois organiques).

L'absentéisme récurrent des parlementaires a conduit à un assouplissement des règles relatives au *quorum*. Dans l'esprit de la démocratie représentative, le *quorum* n'est atteint que si la majorité absolue des membres d'une assemblée siège effectivement. La pratique parlementaire ne respecte pas ce principe, pourtant jugé fondamental par les premiers constituants français de 1789 (notamment par Sieyès intransigeant à propos du principe du « vote par tête » lors des États généraux de 1789). Le règlement intérieur de l'Assemblée nationale indique dans son article 61 que « les votes sont valables, quel que soit le nombre des présents ». Seule l'intervention (rarissime !) d'un président de groupe demandant une vérification du *quorum* avant l'ouverture du scrutin entraîne l'obligation de la présence d'une majorité absolue de parlementaires pour voter (une disposition sensiblement analogue est prévue par le règlement intérieur du Sénat). Autrement dit, il est fréquent que les parlementaires qui votent la loi soient arithmétiquement plus nombreux que le nombre de ceux réellement présents !

Depuis la réforme de 2008, les commissions permanentes voient leurs prérogatives renforcées. Le travail en commission tend à devenir le lieu privilégié de la recherche du « compromis » (Géraldine Faure, *L'apport des commissions permanentes à l'unification de la fonction parlementaire*, thèse, Lyon, 2017). À titre expérimental, le Sénat a mis en place une procédure d'examen en commission (la PEC) entre 2015 et 2017. Son principe était simple : le droit d'amendement s'exerce uniquement en commission, tandis que la séance plénière est dédiée aux explications de vote et au vote. Devant le succès de cette procédure, qui ne concerne que des textes techniques et choisis par la Conférence des présidents, le Sénat a décidé d'inscrire la PEC dans son règlement (17 décembre 2017). Le projet de LC de 2018 prévoit d'élever au rang constitutionnel cette procédure. Le vote parlementaire est indispensable (sauf si la loi est adoptée par la voie du référendum ou si le gouvernement engage sa responsabilité sur le vote d'un texte, entraînant l'adoption sans vote de la loi) mais non suffisant pour rendre la loi juridiquement parfaite. « La procédure législative est close par la promulgation », affirme le Conseil constitutionnel (décision n° 85-170 DC du 23 août 1985, *Rec.*, p. 72), confirmant ainsi le caractère inachevé de la loi votée. Dans une décision antérieure, le juge constitutionnel constate que « les règles selon lesquelles la loi est proposée, votée et promulguée sont déterminées par la Constitution et les lois organiques », invitant à distinguer la loi proposée, la loi votée et la loi promulguée. Avant cette ultime étape qu'est la promulgation, la loi votée peut subir deux procédures :

- Les autorités de saisine ont la possibilité de déférer celle-ci devant le Conseil constitutionnel (cette saisine est obligatoire pour les lois organiques et facultative pour les lois ordinaires) car « la loi votée n'exprime la volonté générale que dans le respect de la Constitution » (décision du Conseil constitutionnel du 23 août 1985, précitée).
- Le président de la République dispose du droit « de demander au Parlement une nouvelle délibération de la loi ou de certains de ses articles », étant précisé que « cette nouvelle délibération ne peut être refusée » (art.10).

B– La fonction de contrôle

1. Le contrôle sur le gouvernement

Le contrôle politique du Parlement sur le gouvernement est l'un des cinq principes prévus par la loi du 3 juin 1958 (« Le gouvernement doit être responsable devant le Parlement ») qui impose aux rédacteurs de la Constitution de la Ve République le respect de conditions de fond. Destiné à conserver le caractère parlementaire du nouveau régime, ce principe est consacré par la réforme du 23 juillet 2008. La nouvelle rédaction de l'article 24 C dispose que : « Le Parlement vote la loi, contrôle l'action du gouvernement et évalue les politiques publiques ».

→ L'engagement de la responsabilité politique du gouvernement

Seule l'Assemblée nationale détient le pouvoir de renverser le gouvernement comme le précise l'article 50 : « Lorsque l'Assemblée nationale adopte une motion de censure ou lorsqu'elle désapprouve le programme ou une déclaration de politique générale du gouvernement, le Premier ministre doit remettre au président de la République la démission de son gouvernement. » L'article 49, alinéa 4, prévoit bien l'existence d'une question de confiance posée par le Premier ministre au Sénat – « Le Premier ministre a la faculté de demander au Sénat l'approbation d'une déclaration de politique générale » –, mais le vote des sénateurs est dépourvu de sanction politique (la mise en œuvre de cette approbation sénatoriale est généralement destinée à associer le Sénat à la politique conduite par le gouvernement).

→ La question de confiance

La question de confiance correspond aux hypothèses dans lesquelles le Premier ministre demande à l'Assemblée nationale de lui accorder un vote favorable soit « sur son programme ou éventuellement sur une déclaration de politique générale » (art. 49, al. 1er). La pratique indique que cette demande de confiance ne s'impose pas lors de l'investiture d'un gouvernement, contrairement à ce qu'exigeait l'ancienne Constitution de 1946 à l'égard d'un nouveau gouvernement qui devait obtenir le soutien politique des députés. En règle générale, depuis 1958, le Premier ministre se contente de lire une déclaration de politique générale après sa nomination sans engager la responsabilité de son gouvernement. La question de confiance ne correspond donc pas à une condition préalable à l'investiture de l'exécutif (ce qui confirme bien que le gouvernement ne procède que du chef de l'État). L'engagement de la responsabilité sur le fondement de l'article « 49-1 » intervient en cours de législature au moment où le Premier ministre le juge opportun. Tel fut le cas, par exemple, lorsque le chef du gouvernement sollicita le soutien de l'Assemblée nationale sur la politique décidée par le président de la République pour la première guerre du Golfe, le 16 janvier 1991. La mise en œuvre de la question de confiance se déroule selon une procédure parlementaire codifiée par le règlement de l'Assemblée nationale : après un débat où un représentant pour chaque groupe parlementaire explique la position du vote de ses collègues, l'approbation du programme ou de la déclaration de politique générale est soumise au vote à la majorité absolue des suffrages exprimés.

→ La motion de censure

La motion de censure désigne la procédure par laquelle l'Assemblée nationale prend l'initiative de tenter de renverser le gouvernement. Énoncé à l'article 49, alinéa 2, son usage apparaît particulièrement encadré : « L'Assemblée nationale met en cause la responsabilité du gouvernement par le vote d'une motion de censure. Une telle motion n'est recevable que si elle est signée par un dixième des membres de l'Assemblée nationale. Le vote ne peut avoir lieu que quarante-huit heures après son dépôt. Seuls sont recensés les votes favorables à la motion de censure qui ne peut être adoptée qu'à la majorité des membres composant l'Assemblée. [...] un député ne peut être signataire de plus de trois motions de censure au cours d'une même session ordinaire et de plus d'une au cours d'une même session extraordinaire. »
La motion de censure ne se vote pas dans les mêmes conditions qu'une question de confiance. Le régime fixé par l'article 49, alinéa 2, est particulièrement protecteur à l'égard du gouvernement. L'obstacle principal à l'adoption de la motion reste l'exigence d'une majorité absolue de députés, en sachant que seuls les votes pour la motion sont recensés (s'abstenir signifie voter contre la censure et donc en faveur du gouvernement). Dans ces conditions, il faut la réunion de circonstances exceptionnelles pour expliquer la « réussite » d'une censure : sous la Ve République, une seule motion a été adoptée le 2 octobre 1962. Depuis ce précédent, le « fait majoritaire » (l'identité partisane entre la majorité des députés et le gouvernement qui se manifeste par un soutien inconditionnel des parlementaires à l'égard de l'exécutif) est venu fortement atténuer l'efficacité de cette procédure qui s'analyse plutôt comme une ressource de la minorité parlementaire permettant de déclencher un débat solennel à l'Assemblée nationale sur la politique gouvernementale sans espoir de renverser l'exécutif.

→ Le contrôle continu sur le gouvernement

Dans une démocratie, les représentants parlementaires exercent – au nom du peuple – des prérogatives de contrôle continu sur l'action gouvernementale suivant deux modalités principales : le droit d'interroger le gouvernement et le droit de conduire des enquêtes par les commissions parlementaires.
Le droit d'interroger les membres du gouvernement se manifeste d'abord par l'organisation de séances de questions orales prévues notamment par l'article 48, alinéa 2, qui dispose : « Une séance par semaine au moins est réservée par priorité aux questions du Parlement et aux réponses du gouvernement. » Ce contrôle permet théoriquement au Parlement d'obtenir des informations et de poser des questions sur la politique conduite par l'exécutif. Depuis 1974, la séance de l'Assemblée nationale du mercredi après-midi s'ouvre par une heure de questions d'actualité au gouvernement. Cette séance permet à chaque groupe

parlementaire de questionner les ministres qui disposent, depuis 2009, d'un délai de deux minutes pour répondre.
La pratique des commissions d'enquête est prévue par le règlement intérieur des deux assemblées. Chaque commission, composée de trente membres au plus à l'Assemblée nationale et de vingt et un membres au plus au Sénat, est constituée par le vote d'une résolution parlementaire, pour une durée limitée à six mois. Sa création a pour but d'obtenir des informations sur des « faits déterminés » ou sur « la gestion des services publics et des entreprises » (art. 6, ordonnance du 17 novembre 1958 relative au fonctionnement des assemblées parlementaires). Depuis 1958, une trentaine de commissions d'enquête, seulement, ont été instituées. Trois raisons expliquent le relatif échec de ces procédures de contrôle. En premier lieu, une commission d'enquête n'a pas le droit de s'intéresser à des « faits déterminés » qui sont en cours d'examen devant une juridiction. En second lieu, une commission ne dispose pas des moyens d'investigation dont bénéficient ses homologues étrangères (notamment aux États-Unis) : la commission a peu de moyens financiers ; sa durée d'existence reste éphémère (six mois) ; elle se voit refuser par le gouvernement la communication des dossiers les plus sensibles (« ceux revêtant un caractère secret et concernant la Défense nationale, les Affaires étrangères, la sécurité intérieure et extérieure de l'État » selon les termes de la loi du 2 décembre 1994) ou ne portant pas sur des « faits déterminés » (le gouvernement de Lionel Jospin refusant pour ce motif la transmission de renseignements sur les conséquences de la loi relative à la réduction du temps de travail aux 35 heures). Enfin, une commission ne prend aucune décision. Son enquête ne débouche que sur la rédaction d'un rapport à partir duquel les juridictions ont la possibilité de déclencher d'éventuelles poursuites.
La « révolution » politique suite à la victoire historique de la gauche au Sénat en septembre 2011 n'a pas fondamentalement bouleversé les équilibres institutionnels. Confirmant sa posture lorsqu'elle fut dans l'opposition au général de Gaulle (1962-1969) et à François Mitterrand (1981-1995), la seconde Chambre a gêné l'exécutif – pourtant dirigé par une majorité présidentielle de gauche – en refusant de voter des lois importantes (projet de loi sur les élections locales; projet de loi de finances rectificatives pour 2012 et pour 2014; réforme des retraites, etc.). La majorité sénatoriale ne se confond pas avec la majorité gouvernementale. Cette indépendance du Sénat vis-à-vis du chef de l'État et du gouvernement perdure. Mais le Sénat ne peut pas bloquer l'action du gouvernement. Sans doute parce que, juridiquement, il n'en a pas les moyens; peut-être aussi parce que la raison d'être du bicamérisme en France est de conserver la modération dans le jeu politique.

2. L'évaluation des politiques publiques et le contrôle de la politique européenne

L'avenir du Parlement se trouve dans la fonction de contrôle inscrite dans l'article 24 de la Constitution : « Le Parlement vote la loi. Il contrôle l'action du gouvernement. Il évalue les politiques publiques ». Dans ses tâches, le Parlement est aidé par la Cour des comptes dont les compétences sont constitutionnalisées : « La Cour des comptes assiste le Parlement dans le contrôle de l'action du gouvernement. Elle assiste le Parlement et le gouvernement [...] dans l'évaluation des politiques publiques. » (art. 47-2 C.). La réforme de 2008 renouvelle également le contrôle des assemblées parlementaires sur la politique étrangère et militaire de la France, matière traditionnellement « réservée » à l'exécutif.

Les assemblées parlementaires disposent de différents outils pour mener ces missions. Elles peuvent adopter des résolutions (art. 34-1) et exprimer, par ce biais, une position sur un sujet non législatif. Elles ont la possibilité de créer des missions d'information ou des commissions d'enquête parlementaire. À l'Assemblée nationale, la mission d'évaluation et de contrôle (MEC) et le comité d'évaluation et de contrôle (CEC) mènent, à titre permanent, des études sur les politiques publiques. Au sénat, des missions communes d'information (MCI) ou des commissions d'enquête peuvent être créées pour élaborer des rapports sur des sujets ponctuels. Plus largement, les actions de contrôle s'intègrent la plupart du temps dans les questions, débats, auditions conduits dans les commissions permanentes et dans l'hémicycle. Il est bien difficile de dissocier le contrôle de la fonction législative. Mais le succès du contrôle repose sur les moyens (actuellement trop faibles) accordés aux parlementaires pour accomplir leurs missions.

chapitre 11

Les élections politiques

Dans les régimes contemporains, les élections politiques sont présentées comme les vecteurs de la puissance et de la légitimité des gouvernants. En France, en particulier, l'élection présidentielle est le moment où se décident, pour cinq ans, les grandes orientations gouvernementales. L'inversion du calendrier électoral pour la désignation des députés, décidée par la loi organique du 15 mai 2001, illustre le caractère structurant et premier de l'élection présidentielle sous la Ve République et la volonté d'aligner la majorité gouvernementale sur la majorité présidentielle (ce que confirment les élections législatives de juin 2017).
Cette conception de l'élection est pourtant une déformation de ce que représente en droit constitutionnel une opération électorale : une élection politique – fût-elle l'élection présidentielle – est un mode de désignation d'un (des) représentant(s) (Bruno Daugeron, *La notion d'élection en droit constitutionnel*, LGDJ, 2011). Le droit constitutionnel encadre les campagnes électorales sous différents aspects : la Constitution détermine les conditions d'accès et d'exercice de la citoyenneté et de l'éligibilité; elle règle les modalités d'accession aux mandats électifs (par la réglementation sur les incompatibilités, par l'interdiction de certains cumuls de mandats); elle impose parfois des élections à intervalles réguliers. En somme, le droit constitutionnel fixe les principales règles du jeu de la compétition électorale (**1**), ce que confirme l'exemple des élections nationales en France (**2**).

I. Les règles du jeu de la compétition électorale

La mise en œuvre par le droit positif des exigences démocratiques se traduit par des élections libres et périodiques où des formations politiques pluralistes s'affrontent suivant des règles du jeu connues à l'avance : les modes de scrutin.

A– La périodicité des scrutins

Le droit constitutionnel impose certaines caractéristiques aux opérations électorales comme le respect des principes de la sincérité et de la périodicité des scrutins. Ces exigences constitutionnelles sont confirmées par de nombreux traités internationaux exigeant la tenue d'élections libres et honnêtes pour reconnaître le caractère démocratique d'un État (voir, par exemple, l'article 21 de la Déclaration universelle des droits de l'homme de 1948 ; l'article 25 du Pacte international relatif aux droits civils et politiques de 1966 ; la résolution n° 45/150 de l'Assemblée générale des Nations unies du 18 décembre 1990 sur le renforcement de l'efficacité d'élections libres et honnêtes). Au niveau régional, la Convention européenne de sauvegarde des droits de l'homme (signée le 4 novembre 1950) proclame que les États ont l'obligation d'organiser « à des intervalles raisonnables, des élections libres au scrutin secret, dans les conditions qui assurent la libre expression de l'opinion du peuple sur le choix du corps législatif » (art. 3, protocole additionnel n° 1 à la CEDH).

Aucune Constitution ne vient préciser ce qu'il convient d'entendre par « périodicité » du vote. La Convention européenne de sauvegarde des droits de l'homme indique simplement que le droit à des élections libres doit être organisé « à des intervalles raisonnables » (art. 3, protocole additionnel n° 1).

En pratique, la plupart des élections législatives se déroulent tous les quatre ou cinq ans (sauf si une dissolution interrompt le mandat des députés). La fréquence de ces élections produit des effets sur le renouvellement des assemblées parlementaires. Elle affecte également l'exécutif puisque dans la plupart des régimes parlementaires, le chef du gouvernement correspond au vainqueur des élections législatives. C'est notamment le cas en Espagne, en Grande-Bretagne, en Allemagne, en Grèce, en Italie et au Portugal.

La durée quadriennale ne signifie pas toujours que les titulaires des mandats électifs changent à intervalles réguliers. Car les démocraties pluralistes connaissent le phénomène du cumul des mandats dans le temps, même si certaines constitutions y imposent des limites ; ainsi, le président des États-Unis d'Amérique n'a pas le droit d'exercer plus de deux mandats. Le chancelier allemand Helmut Kohl a été chef de l'exécutif durant quinze années. Le Premier ministre espagnol Felipe González Márquez a dirigé le gouvernement pendant quatorze années (1982-1996). La longévité de ces deux dirigeants n'a été rendue possible que grâce au soutien populaire renouvelé tous les quatre ans. La périodicité du vote oblige donc les gouvernants à solliciter la confiance populaire, source de la légitimité du pouvoir. « Voilà qui est simple, écrit Olivier Duhamel : un pouvoir attribué par les électeurs, pour quatre ou cinq ans, à une majorité parlementaire et au leader du principal (ou seul) parti de cette majorité qui devient Premier ministre. Au terme de cette législature, les

électeurs jugent. Ils accordent un nouveau mandat à la majorité sortante et à son leader, comme en 2000 à la droite espagnole et à la gauche grecque. Ou ils portent l'opposition au pouvoir, et c'est l'alternance, comme en 1997 au Royaume-Uni ou en 1998 en Allemagne. » (Duhamel, *Le quinquennat*, 2000, p. 30).
La France a longtemps fait figure d'exception en matière de périodicité du vote. Les sénateurs détenaient un mandat de neuf ans. Le président de la République était élu pour sept ans (le président de la République italienne est également élu pour sept ans. Mais, contrairement au président de la République française, il ne gouverne pas). La loi organique du 30 juillet 2003 réduit la durée du mandat sénatorial à six ans. La loi constitutionnelle du 2 octobre 2000 instaure le quinquennat présidentiel. Désormais, la France adopte le « temps démocratique » des principaux États de l'Europe continentale.

B– Le pluralisme des partis et groupements politiques

Un parti politique est une organisation de personnes partageant une idéologie commune dont elles poursuivent la réalisation avec comme finalité la conquête et l'exercice du pouvoir. L'expression « groupement politique » est plus floue. Elle désigne, négativement, une forme organisée de médiation politique distincte du parti politique : ainsi en est-il des clubs de réflexion, des forums, des mouvements associatifs (l'étude des partis et groupements politiques relève essentiellement de la sociologie politique). Au sein de l'Union européenne, la Constitution française et la Constitution du royaume de Suède (du 27 février 1974, chapitre II, article 2) sont les seules à mentionner l'existence des « groupements politiques » au côté des partis politiques.
Le caractère elliptique du statut constitutionnel des partis politiques se retrouve au niveau des constitutions nationales. Les textes constitutionnels se divisent en deux catégories sur ce sujet : ceux qui ignorent totalement les partis politiques – Belgique, Danemark, Finlande, Islande, Irlande, Luxembourg, Pays-Bas, Suisse – et ceux qui reconnaissent l'existence de ces organisations politiques – Allemagne, Grèce, Espagne, France, Italie, Portugal, Suède.
La Constitution française du 4 octobre 1958 est assez évasive quant au statut et au rôle des partis politiques : « Les partis et groupements politiques concourent à l'expression du suffrage. Ils se forment et exercent leur activité librement. Ils doivent respecter les principes de la souveraineté nationale et de la démocratie. Ils contribuent à la mise en œuvre du principe énoncé au dernier alinéa de l'article 3 dans les conditions déterminées par la loi. » (art. 4) ; « La loi favorise l'égal accès des femmes et des hommes aux mandats électoraux et fonctions électives. » (art. 3, al. 5).

Ces dispositions constitutionnelles organisent une réglementation minimale des partis et groupements politiques (dont l'origine s'explique, sans doute, par la méfiance du général de Gaulle à l'égard des partis politiques). Deux remarques soulignent les limites de ces dispositions constitutionnelles. D'abord, l'énoncé suivant lequel les organisations politiques « concourent à l'expression du suffrage » reste étroit dans sa portée. « Concourir » exprime l'idée d'une absence de situation de monopole du parti ou groupement politique dans l'expression du suffrage. Mais surtout, cette formulation apparaît réductrice quant aux fonctions exercées par ces organisations. En ce sens, la Constitution du royaume d'Espagne (27 décembre 1978) adopte une conception constitutionnelle plus précise et plus complète des partis politiques (cette Constitution n'évoque pas les groupements) : « Les partis politiques expriment le pluralisme politique. Ils concourent à la formation et à la manifestation de la volonté populaire et sont un instrument fondamental de la participation politique. […] » (art. 6). Cet article attribue une fonction plus large aux partis politiques. Le rôle de ces derniers ne se limite pas à « l'expression du suffrage », comme le proclame l'article 4 de la Constitution française, mais il concerne la formation de la volonté populaire. En ce sens, le parti politique se voit reconnaître une fonction de socialisation, d'aide à la formation de conscience citoyenne, de représentation des intérêts populaires. La même idée se retrouve dans l'article 49, alinéa 1er, de la Loi fondamentale allemande (23 mai 1949) et dans l'article 10.2 de la Constitution de la République du Portugal (2 avril 1976).

La réglementation constitutionnelle française est également limitée pour ce qui touche à la formation et à l'exercice de l'activité des partis et groupements politiques. La Constitution de 1958 évoque le principe de la liberté d'organisation et de fonctionnement des partis et groupements. Ce principe est à peine tempéré par les lois relatives au financement de la vie politique. La loi du 11 mars 1988 relative à la limitation des dépenses électorales et à la transparence de la vie politique attribue un statut législatif aux partis politiques qui deviennent des personnes morales de droit privé. À ce titre, ils ont le droit d'ester en justice, d'acquérir des meubles et des immeubles et de bénéficier d'un financement public et privé. Pour le reste, les partis et groupements politiques s'organisent suivant le droit des associations réglementé en France par la loi du 1er juillet 1901.

Les autres constitutions imposent parfois le respect de certaines obligations pour la structure interne des partis politiques. L'article 6, alinéa 2, de la Constitution du royaume d'Espagne dispose sur ce point : « […] Ils se forment et exercent leur activité librement, dans le respect de la Constitution et de la loi. » (art. 6). Pour sa part, la Loi fondamentale de la République fédérale d'Allemagne est plus précise : « Les partis politiques : […] Leur fondation est libre. Leur organisation interne doit être conforme aux principes démocratiques. Ils doivent rendre compte de la provenance et de l'emploi de leurs ressources ainsi que de leurs biens. » (art. 21). Enfin, le droit constitutionnel des États européens énonce parfois des limites à l'activité partisane. En France, les partis et groupements sont tenus de respecter « les principes de la souveraineté nationale et de la démocratie ». Ces exigences se résument par un triple rejet : rejet du parti unique; rejet du parti financé par l'État et par une puissance étrangère; rejet du parti méconnaissant le caractère pluraliste de la société. La Loi fondamentale allemande (23 mai 1949) est plus précise sur la question : « Les partis qui d'après leurs buts ou d'après le comportement de leurs adhérents, tendent à porter atteinte à l'ordre constitutionnel libéral et démocratique, ou à le renverser, ou à mettre en péril l'existence de la République fédérale d'Allemagne, sont inconstitutionnels. La Cour constitutionnelle fédérale statue sur la question de l'inconstitutionnalité. » (art. 21.2). Mais jusqu'à présent, la Cour constitutionnelle allemande ne s'est pas véritablement penchée sur le caractère démocratique des partis. De son côté, la Cour européenne des droits de l'homme accepte d'apprécier la dissolution d'un parti politique. Nulle disposition de la Convention européenne des droits de l'homme ne fait référence aux partis politiques, ce qui pourrait laisser entendre que celle-ci ne s'applique pas. Pourtant, malgré cette apparente lacune, la Cour de Strasbourg estime que l'article 11 de la Convention, qui protège la liberté d'association et de réunion, est formulé de telle façon qu'il vaut pour les partis politiques. L'arrêt *Parti communiste unifié de Turquie* (30 janvier 1998) rappelle que « la démocratie apparaît comme l'unique modèle politique envisagé par la Convention et, partant, le seul qui soit compatible avec elle ». Le juge en déduit que « les partis politiques représentent une forme d'association essentielle au bon fonctionnement de la démocratie ». De par leur rôle, les partis politiques, seules formations à même d'accéder au pouvoir, ont en outre la faculté d'exercer une influence sur l'ensemble du régime de leur pays. Par leurs projets de modèle global de société qu'ils proposent aux électeurs et par leur capacité de réaliser ces projets une fois arrivés au pouvoir, les partis politiques se distinguent des autres organisations intervenant dans le domaine politique (voir également l'arrêt *Parti de la prospérité contre Turquie, 13 février 2003*). C'est pourquoi la Cour a considéré qu'un parti politique pouvait mener campagne en faveur d'un changement de la législation ou des structures légales ou constitutionnelles de l'État à deux conditions : d'abord, les moyens utilisés à cette fin doivent être légaux et démocratiques; deuxièmement, le changement proposé doit lui-même être compatible avec les principes démocratiques fondamentaux. Il en découle nécessairement qu'un parti politique dont les responsables incitent à recourir à la violence, ou proposent un projet politique qui ne respecte pas une ou plusieurs règles de la démocratie ou qui visent la destruction de celle-ci ainsi que la méconnaissance des droits et libertés qu'elle reconnaît, ne peut se prévaloir de la protection de la Convention contre les sanctions infligées pour ces motifs.

C– Les modes de scrutin

Le droit constitutionnel aménage les techniques d'organisation du vote, de décompte des suffrages et de proclamation des résultats électoraux. Au sein des principaux États, deux grands modes de scrutin sont utilisés – ou combinés – pour les élections nationales et locales : le scrutin majoritaire (**1**), la représentation proportionnelle (**2**).

1. Le scrutin majoritaire

➜ Objectifs du scrutin majoritaire

Le principe de fonctionnement de ce mode de scrutin est simple. Le(s) siège(s) à pourvoir est (sont) attribué(s) au candidat ou à la liste qui obtient le plus grand nombre de voix (le plus souvent, ce sera un scrutin uninominal lorsque la circonscription n'a qu'un siège à pourvoir). Sur cette base, deux options sont envisageables : le scrutin majoritaire à un tour ou à deux tours.

Dans la première option, le candidat arrivé en tête au premier tour remporte l'élection même s'il n'obtient pas la majorité absolue des électeurs inscrits et même si l'écart avec le candidat arrivé en seconde place reste très faible. L'un des effets de ce mode de scrutin majoritaire à un tour est de créer un décalage entre le nombre de voix obtenues par les vainqueurs et les sièges obtenus. Cette surreprésentation se confirme régulièrement lors des élections générales (élections des députés) en Grande-Bretagne et lors de l'élection présidentielle américaine. L'avantage de ce mode de scrutin reste son efficacité : il garantit à coup sûr l'émergence d'une majorité stable à l'assemblée des députés et favorable au gouvernement en place.

Dans la seconde option, l'élection du candidat dès le premier tour suppose que celui-ci obtienne la majorité absolue des suffrages exprimés. En cas contraire, un second tour est organisé entre les candidats ayant obtenu un certain seuil d'électeurs inscrits ou de suffrages exprimés au premier tour. Ce système est notamment pratiqué pour les élections législatives en France (et en Biélorussie). Un seuil de 12,5 % des électeurs inscrits est requis pour se maintenir au second tour. Rien n'interdit que trois ou quatre candidats soient en mesure de le faire bien que, dans la plupart des cas, le second tour ne concerne que les deux candidats arrivés en tête lors du premier (on considère souvent que le premier tour sert de « primaire » entre les candidats appartenant à la même famille politique). L'avantage du scrutin majoritaire à deux tours par rapport au scrutin majoritaire à un tour réside dans la sélection démocratique opérée par le premier tour entre les candidats. Mais ce mode de scrutin comporte certains inconvénients. D'abord, il arrive fréquemment – les élections législatives en France le démontrent régulièrement – que le candidat ayant obtenu le plus grand nombre de voix au premier tour soit battu en raison de la division provoquée, entre les deux tours, par les candidats de son propre camp politique (les fameuses « triangulaires », élections à trois candidats, provoquées par la présence au second tour des élections législatives des candidats d'extrême droite, contribuent arithmétiquement à favoriser la victoire du candidat de gauche au détriment du candidat de la droite républicaine). De plus, l'entre-deux-tours favorise les tractations et alliances entre les partis politiques, alliances qui dénaturent la portée du vote des électeurs et qui perturbent la lisibilité (et la crédibilité) des candidats.

→ Application du scrutin majoritaire en Grande-Bretagne

Les élections générales destinées à désigner les députés de la Chambre des communes représentent l'événement politique majeur de la Grande-Bretagne. Le mode de scrutin pratiqué pour ces élections amplifie la formation du bipartisme, entendu comme la structuration du système partisan en deux grands partis politiques qui accèdent, par alternance, au pouvoir sans avoir besoin de l'appoint d'un petit parti.
La Grande-Bretagne applique traditionnellement le scrutin uninominal majoritaire à un tour : est élu député de sa circonscription le candidat qui obtient le plus grand nombre de voix le jour des élections générales ; il n'est pas nécessaire d'avoir une majorité absolue. Ce scrutin oblige les électeurs à « voter utile » en choisissant le candidat de l'un des deux grands partis. En écartant mécaniquement de la représentation aux Communes les candidats présentés par les petites formations politiques (comme le parti libéral, le parti national écossais ou le mouvement nationaliste gallois), le mode de scrutin majoritaire favorise l'existence de la stabilité parlementaire. Le *two-party system* a toujours existé (avec toutefois une période de tripartisme entre 1920 et 1945). À l'opposition historique des *whigs* (les libéraux, défenseurs des libertés) et des *tories* (les conservateurs, favorables à la monarchie absolue) s'est substitué, depuis 1945, le clivage entre les travaillistes, le *Labour* (qui ont supplanté le parti libéral à partir de 1922) et les conservateurs (l'origine des partis remonte aux révolutions du XVIIe siècle : les *tories* soutiennent le roi et ses prérogatives ; les *whigs* défendent les parlementaires et souhaitent chasser l'Église anglicane du pouvoir). Le bipartisme consacre la démocratie partisane dans la mesure où les électeurs se prononcent, lors de la désignation des députés, pour le futur gouvernement : « En donnant la victoire aux travaillistes ou aux conservateurs, l'électorat choisit une majorité, une équipe gouvernementale, comme dans une véritable démocratie directe. » (Journes, *L'État britannique*, 1994, p. 357). Une convention de la Constitution prévoit que le leader du parti politique qui remporte les élections générales est nommé Premier ministre par le monarque.

2. La représentation proportionnelle

Dans son principe, la représentation proportionnelle vise à assurer une représentation fidèle des votes des électeurs. Ce système ne concerne que les scrutins de listes – par opposition au scrutin uninominal où l'électeur vote pour un seul nom, le scrutin de listes concerne les élections dans lesquelles les bulletins de vote comportent plusieurs noms. Ce scrutin de listes connaît plusieurs variantes : le panachage, lorsque l'électeur peut rayer certains noms figurant sur une liste et y substituer des candidats figurant sur des listes concurrentes ; la liste bloquée, qui interdit à l'électeur de composer sa liste sur son bulletin ; le vote préférentiel, qui désigne le cas où l'électeur est invité à classer les candidats figurant sur son bulletin.
La « proportionnelle » est le mode de scrutin le plus utilisé en Europe pour la représentation des chambres basses (les assemblées des députés). Deux formules se distinguent : une formule à un seul niveau (Allemagne, Pays-Bas, Portugal, République tchèque, Slovaquie, Turquie) et une formule dite « à deux niveaux » (Paul Bacot) dans laquelle une partie des sièges est attribuée dans le cadre des circonscriptions de base, une autre l'étant dans un cadre national (Belgique, Norvège, Suède).
Les inconvénients de ce procédé de répartition des sièges ont été particulièrement visibles lorsque ce mode de scrutin fut utilisé pour les élections législatives en France (sous la IIIe République, de 1919 à 1927 ; sous la IVe République, de 1946 à 1958 ; sous la Ve République, uniquement lors des élections législatives de mars 1986). En permettant au plus grand nombre de formations politiques d'être représentées à l'Assemblée nationale, la proportionnelle nuit à la formation d'une majorité parlementaire stable, cohérente et homogène. La représentation proportionnelle rend quasiment inévitable les alliances partisanes. Elle tempère l'alternance politique dans la mesure où les partis du centre détiennent, au gré de leurs alliances, les clefs de la majorité à l'Assemblée nationale. Enfin, la proportionnelle favorise l'accès des candidats des partis extrémistes à la députation.
La mise en œuvre de la représentation proportionnelle suppose d'établir préalablement le quotient électoral pour pouvoir répartir les sièges entre les listes en présence. Ce quotient électoral s'obtient en divisant le nombre de suffrages exprimés par le nombre de sièges à pourvoir. Une fois ce quotient connu (par exemple 10 000), une première répartition des sièges s'effectue. Chaque liste se voit attribuer un certain nombre de sièges en divisant le nombre de voix obtenues par le quotient électoral. Sur la base d'un quotient électoral de 10 000, une liste n° 1 ayant atteint 26 000 voix reçoit deux sièges ; la liste n° 2 qui obtient 13 000 voix reçoit un siège ; la liste n° 3 n'ayant reçu que 8 000 voix n'obtient aucun siège.

En règle générale, cette première méthode de répartition ne permet pas de pourvoir l'ensemble des sièges. Une seconde répartition est alors organisée pour les sièges restants. Deux techniques d'attribution des « restes » sont envisageables. La première s'appelle la répartition au plus fort reste : à la suite du décompte de la première répartition sur la base du quotient électoral, la liste possédant le plus grand nombre de voix « inutilisées » lors de la première répartition remporte le siège. Ainsi, le quatrième siège restant dans l'exemple retenu sera accordé à la liste n° 3 dont le nombre de voix inutilisées pour la répartition du quotient est le plus fort : 8 000 voix contre 6 000 à la liste n° 1 et 3 000 à la liste n° 2. Ce procédé avantage les petites formations politiques qui accèdent à la représentation sans nécessairement obtenir un seuil de voix élevé. La seconde technique s'appelle la représentation à la plus forte moyenne. Le siège restant est attribué à la liste qui obtient la plus forte moyenne si le siège restant à pourvoir l'était à la liste A, B ou C.

Calcul de la plus forte moyenne (attribution d'un siège « fictif » par liste pour trouver la plus forte moyenne)

Liste n° 1 : la plus forte moyenne est 8 666 (26 000/3 – 2 sièges + 1).

Liste n° 2 : la plus forte moyenne est 6 500 (13 000/2 – 1 siège + 1).

Liste n° 3 : la plus forte moyenne est 8 000 (8 000/1 – 0 siège + 1).

Dans l'exemple retenu, la liste n°1 remporte le siège car elle obtient la plus forte moyenne. Ce procédé avantage les grandes formations politiques car le calcul des sièges restants est un rapport entre le nombre d'élus par le quotient électoral et le nombre de voix.

II. La réglementation des élections politiques en France

A– L'élection présidentielle

L'élection présidentielle est la seule élection, en France, à être réglementée par la Constitution (articles 6 et 7), les dispositions constitutionnelles étant complétées par la loi organique (en particulier LO n° 76-528 du 18 juin 1976 et L. org. n° 2016-506 du 25 avril 2016 de modernisation des règles applicables à l'élection présidentielle). Le président de la République est élu pour cinq ans soit dès le premier tour à la majorité absolue des suffrages exprimés, soit au second tour – dans tous les cas,

il ne reste que deux candidats au second tour, et celui qui récolte le plus grand nombre de voix est élu président de la République.
Depuis la révision de 1962 instituant l'élection présidentielle au suffrage universel direct, huit élections présidentielles ont été organisées.

Élections présidentielles au suffrage universel sous la Ve République

5 et 19 décembre 1965 : Charles de Gaulle

1er et 15 juin 1969 : Georges Pompidou

5 et 19 mai 1974 : Valéry Giscard d'Estaing

26 avril et 10 mai 1981 : François Mitterrand

24 avril et 8 mai 1988 : François Mitterrand

23 avril et 7 mai 1995 : Jacques Chirac

21 avril et 5 mai 2002 : Jacques Chirac

22 avril et 6 mai 2007 : Nicolas Sarkozy

22 avril et 6 mai 2012 : François Hollande

23 avril et 7 mai 2017 : Emmanuel Macron

La campagne électorale correspond à la période précédant chaque tour de l'élection présidentielle. Elle se découpe en plusieurs phases (à la manière de la Ligue des champions de football qui distingue la phase préliminaire, la phase de qualification et la phase officielle). La phase préliminaire est le moment où les candidats décident de se présenter suite, éventuellement, à une primaire au sein de leur formation politique. La phase de qualification est la période où les candidats tentent de remplir les conditions légales de présentation (parrainages et financement). La phase officielle désigne les quinze jours précédant le premier tour et les quinze jours précédant le second tour. Le Conseil constitutionnel joue un rôle important dans toutes les étapes de la campagne électorale car, en vertu de l'article 58 de la Constitution, il est le juge de l'élection présidentielle (« Art. 58. Le Conseil constitutionnel veille à la régularité de l'élection du Président de la République. Il examine les réclamations et proclame les résultats du scrutin. »). Il est assisté dans sa fonction par des autorités administratives indépendantes (Conseil supérieur de l'audiovisuel, Commission nationale des comptes de campagne) et, bien entendu, par le gouvernement.
Le droit constitutionnel énonce une réglementation qui porte sur le déclenchement et le déroulement de l'élection du président de la République.

1. Le déclenchement de la campagne électorale

Le déclenchement de la campagne électorale suppose que deux conditions soient remplies : il faut que la Constitution autorise l'ouverture du scrutin et que certaines personnes se présentent au titre de candidats au scrutin.

→ Les conditions d'ouverture du scrutin

À l'exception de la survenance d'un cas de force majeure (guerre, calamité nationale) constaté par le Conseil constitutionnel, durant lequel la campagne électorale ne peut être déclenchée, celle-ci peut s'ouvrir à deux moments bien distincts : à l'échéance « normale » ou de manière « anticipée ».

L'article 7, alinéa 2, de la Constitution énonce que « le scrutin est ouvert sur convocation du gouvernement ». La publication du décret de convocation fixe le point de départ pour les candidats de la collecte des parrainages (pour l'élection présidentielle de 2017, le décret est publié le jeudi 24 février 2017). La loi organique du 25 avril 2016 précise que la date limite de réception des 500 signatures par le Conseil constitutionnel est fixée au sixième vendredi précédent le premier tour de scrutin (pour l'élection présidentielle de 2017, cette date correspond au vendredi 17 mars, 18 heures). L'article 7, alinéa 3, ajoute que « l'élection se déroule vingt jours au moins et trente-cinq jours au plus avant l'expiration des pouvoirs du président en exercice. » Cet article, qui édicte les règles « normales » d'ouverture de la campagne présidentielle, est silencieux sur le point de savoir si la fourchette de vingt à trente-cinq jours s'applique pour le premier seulement ou également pour le second tour de l'élection. La pratique montre que généralement c'est le premier tour qui est concerné par ce délai. Ainsi, le premier tour du scrutin doit se tenir entre vingt et trente-cinq jours avant l'expiration du mandat du président en exercice. Cela pose néanmoins un problème pratique : il est quasiment impossible de faire coïncider la date de l'élection du nouveau président avec la date d'expiration du mandat présidentiel. De fait, le nouveau président est élu alors que l'ancien est toujours provisoirement en fonction. Cette « cohabitation » entre deux présidents n'est pas spécifique à la France : le président américain, élu le premier lundi de novembre, n'est officiellement désigné par les « grands électeurs » qu'au mois de décembre et il n'entre en fonction que le 20 janvier (date de la cérémonie de l'inauguration). Pour la France, il est d'usage que le « président sortant » abrège son mandat dès la proclamation des résultats du scrutin présidentiel. Ainsi, le président Emmanuel Macron, élu le 7 mai 2017, entre à l'Élysée le 14 mai.

L'ouverture anticipée du scrutin présidentiel correspond à deux situations prévues par l'article 7 de la Constitution.

- **Première situation :** s'il y a vacance de la présidence, c'est-à-dire en cas d'absence de titulaire pour exercer la fonction présidentielle. La vacance présidentielle peut intervenir dans trois cas différents : en cas de démission du président de la République – le 28 avril 1969, le général de Gaulle démissionne, ce qui conduit à organiser le scrutin du 15 juin 1969 – ; en cas de décès du président de la République – le 3 avril 1974 le président Pompidou décède, ce qui conduit à organiser le scrutin du 19 mai 1974 – ; en cas de destitution du président de la République. Pendant la vacance aucune autorité de l'État ne remplace le président de la République. Seul un intérim, assuré par le président du Sénat, est prévu par la Constitution (ce qui est différent d'une substitution des pouvoirs de la part de l'intérimaire).
- **Seconde situation :** s'il y a empêchement définitif du président en exercice. En cas de maladie incurable du président de la République, le Conseil constitutionnel peut, à la demande du gouvernement, prononcer l'incapacité du chef de l'État en exercice.

➜ La présentation des candidatures au scrutin

Trois conditions principales doivent être remplies par toute personne souhaitant se porter candidate à la présidence de la République. Il faut être citoyen français, âgé de plus de 18 ans et remplir la condition de dignité morale.
S'ajoutent des conditions de forme qui ont été modifiées par la loi organique du 25 avril 2016.

- **Première condition de forme :** tout candidat doit établir une déclaration de sa situation patrimoniale (biens propres ou biens indivis) et la déposer au Conseil constitutionnel. Lors de la proclamation des résultats par le Conseil constitutionnel, ces déclarations sont publiées au *JORF* (*Journal officiel de la République française*). Le candidat élu doit remettre au Conseil constitutionnel, deux mois avant l'expiration de son mandat, une nouvelle déclaration afin de vérifier les variations du patrimoine du président de la République.
- **Seconde condition de forme :** chaque candidat doit présenter sa candidature avec le parrainage de cinq cents citoyens (sur un total de plus de 40 000 élus potentiels) détenteurs de certains mandats électifs (577 députés, 348 sénateurs, 78 députés européens, 1 880 conseillers régionaux et 4 037 conseillers généraux, 36 674 maires, 2 573 présidents d'intercommunalités). Ces signatures doivent provenir d'au moins trente départements et sont publiées au *JORF*. Cette condition, souvent dénoncée par les petits candidats, existe depuis 1976 (LO du 18 juin 1976). Son objectif consiste à lutter contre les candidatures fantaisistes et à éviter qu'une figure régionale puisse se présenter sans disposer d'une assise nationale. Avec un seuil relativement bas – 500 signatures sur un collège de 42 000 grands électeurs – ce système favorise le pluralisme en permettant à des candidats non adoubés par les grands partis politiques de se présenter (par exemple, Emmanuel Macron en 2017). Depuis 1965 (date

de la première élection présidentielle au suffrage universel direct) en moyenne dix candidats se présentent à l'élection présidentielle.

Nombre de candidats à l'élection présidentielle depuis 1965

1965 :	6 candidats
1969 :	7 candidats
1974 :	12 candidats
1981 :	10 candidats
1988 :	9 candidats
1995 :	10 candidats
2002 :	16 candidats
2007 :	12 candidats
2012 :	10 candidats
2017 :	11 candidats

2. Le déroulement de la campagne électorale

L'expression « campagne électorale » désigne, comme on l'a vu, la période préparatoire à l'élection présidentielle. Le droit constitutionnel retient aussi une définition officielle de la notion : elle correspond à une période légale durant laquelle la propagande électorale et les frais de campagne sont réglementés. Le point de départ de la campagne officielle est fixé le deuxième lundi précédent le premier tour de scrutin. Elle prend fin la veille du premier tour à zéro heure. En cas de second tour, la campagne officielle reprend le jour de la publication au *Journal officiel* du nom des deux candidats présents au deuxième tour, pour se clôturer la veille de l'élection à zéro heure.

→ L'encadrement de la propagande électorale

Les candidats disposent juridiquement d'un égal accès aux moyens de propagande audiovisuelle uniquement durant la période de la campagne officielle. Cette règle découle du respect du pluralisme, « fondement de la démocratie » selon le Conseil constitutionnel (décision n° 90-241 DC du 11 janvier 1990). Chaque candidat bénéficie d'un temps d'antenne aux émissions télévisées et sur les ondes radiodiffusées identique à celui des autres. Deux autorités administratives indépendantes veillent à l'équité entre les candidats : la Commission nationale de contrôle (CNC) composée de cinq membres, le premier président de la Cour de cassation, le vice-président du Conseil d'État, le président de la Cour des comptes et deux magistrats ;

le Conseil supérieur de l'audiovisuel (CSA) spécialement chargé de l'attribution des temps d'antenne. Dans les faits, l'égalité entre les candidats reste fragile car l'accès aux médias n'est pas réglementé en dehors du cadre officiel de la période de la campagne électorale. La loi organique du 25 avril 2016 a d'ailleurs remplacé la notion d'égalité par celle d'équité pour la période « intermédiaire » qui précède la campagne officielle (cette période « intermédiaire » débute le jour de la publication par le Conseil constitutionnel de la liste des candidats et elle s'achève la veille de la campagne officielle).
Le législateur a, par ailleurs, modifié la loi du 19 juillet 1977 relative aux sondages en période électorale (dont la fiabilité reste douteuse). La Cour européenne des droits de l'homme a en effet considéré que cette loi, qui interdisait les sondages la semaine précédant une élection, portait atteinte à la liberté d'expression au sens de l'article 11 de la Convention européenne de sauvegarde des droits de l'homme (*Amaury* : interdire les sondages porte atteinte au droit de recevoir et de communiquer des informations, CEDH, 4 sept 2001). Désormais, la loi du 19 février 2002 autorise la publication des sondages électoraux jusqu'à l'avant-veille de chaque tour de scrutin. Mais il est toujours aisé de contourner la loi française en consultant les sondages diffusés sur Internet la veille et le jour du scrutin.

→ L'encadrement du financement électoral

La loi du 11 mars 1988 fut la première loi relative à la transparence de la vie politique. Elle a été complétée par la loi du 10 mai 1990, modifiée par les lois du 19 janvier 1995 et du 5 février 2001. Cette réglementation a enfin été sensiblement modifiée depui, notamment par la loi organique du 28 février 2012. Chaque candidat officiel doit ouvrir (par anticipation) un compte retraçant les recettes et les dépenses de sa pré campagne. Mais les obligations pesant sur les opérations de la campagne préliminaire restent très floues. Seule exigence : un candidat doit être en mesure de justifier l'origine de ses mouvements financiers pour les actes liés à sa campagne.
La législation sur le financement électoral réglemente les ressources des candidats : le financement de la campagne électorale est à la fois public et privé.
Le financement est d'abord public. La législation sur le financement électoral accorde des remboursements aux candidats : l'État accorde à chaque candidat qui dépose sa liste une avance de 153 000 euros. À la fin de l'élection, l'État s'engage à rembourser forfaitairement les candidats. Le montant maximum du remboursement s'élève à 800 423 euros pour les candidats qui n'ont pas obtenu plus de 5 % des suffrages exprimés. Il est de 8 004 225 euros pour les autres candidats présents au premier tour et de 10 691 775 euros pour les candidats arrivés au second tour. Mais le financement des campagnes ne doit pas être totalement public ; le Conseil constitutionnel a noté les dangers d'une étatisation du financement électoral :

« […] pour être conforme aux principes d'égalité et de liberté […] le mécanisme d'aide retenu ne doit aboutir ni à établir un lien de dépendance d'un parti politique vis-à-vis de l'État ni à compromettre l'expression démocratique des divers courants d'idées et d'opinions. » (décision n° 90-241 DC du 11 janvier 1990).

Le financement est ensuite privé. La loi interdit aux personnes privées de consentir des prêts aux candidats. De même, les personnes morales autres que les partis et formations politiques ne peuvent consentir un don aux candidats. Ces mesures ont pour objectif de moraliser la vie politique. En revanche, une personne physique peut déclarer un don à un candidat. Ce don est déductible de sa déclaration fiscale.

La loi du 5 février 2001 impose aux candidats d'établir un compte de campagne (document retraçant l'origine des recettes perçues et des dépenses effectuées par le candidat). Le compte de campagne doit être transmis au Conseil constitutionnel dans les deux mois suivant le scrutin. Il est publié au *JOFR*.

La législation sur le financement électoral impose des limites en matière de dépenses. Le droit constitutionnel exige que les dépenses électorales des candidats pendant la campagne soient plafonnées dans un souci d'égalité et de moralisation. Les dépenses électorales des candidats à l'élection présidentielle sont plafonnées à 16,8 millions d'euros par candidat pour le premier tour et 22,5 millions d'euros pour chaque candidat du second tour. En cas de dépassement de ces plafonds, le Conseil constitutionnel peut prononcer des sanctions à l'égard des candidats, qu'ils soient battus ou élus.

C'est en 1995 que pour la première fois le conseil constitutionnel a contrôlé les comptes de la campagne électorale. Dans ses *Observations* publiées en décembre 1995, le juge électoral avoue son impuissance à exercer un véritable contrôle des dépenses réelles effectuées par les différents candidats. Seules les dépenses strictement consenties par le candidat peuvent être prises en compte. Or chaque candidat ne sait pas toujours qui dépense des sommes pour le soutenir. Sur ce point, l'élection présidentielle de 2012 a donné lieu à une première : le rejet d'un compte de campagne du candidat au second tour, Nicolas Sarkozy. Suite à la décision du 19 décembre 2012 de la Commission nationale des comptes de campagne (CNCC) qui rejette le compte du candidat Sarkozy pour dépassement des dépenses électorales, le Conseil constitutionnel confirme le rejet par la décision 2013-156 PDR du 4 juillet 2013. La motivation du juge constitutionnel tient, dans cette décision, sur le principe suivant : « la date à laquelle le candidat a déclaré sa candidature n'est pas de nature à priver de leur éventuel caractère électoral les dépenses intervenues antérieurement à cette déclaration ». Tout repose donc sur la confusion, qu'aurait entretenue l'ancien président de la République, entre la fonction de chef de l'État et le statut de candidat. Sur ce fondement, le Conseil constitutionnel examine dans le détail les dépenses relatives aux manifestations publiques auxquelles ont participé Nicolas Sarkozy et ses proches conseillers, en réintégrant certaines dépenses

« présidentielles » dans le compte de campagne. Dès lors, au vu des réformations opérées par la décision, le compte de campagne de M. Sarkozy s'établit en dépenses, à 22 975 118 € et, en recettes, à 23 094 932 €. Cette décision, qui confirme le rejet du compte, repose sur une double ambiguïté (qui, à notre sens, justifie une grande réforme du cadre juridique du financement des campagnes). En premier lieu, la conclusion du rejet du compte de campagne tient au caractère flou du périmètre des dépenses de campagne prises en compte. Si la notion de dépense « engagée » ou « exposée » (selon les termes du code électoral) se présente comme « celle effectuée en vue de l'obtention des suffrages » (Conseil d'État, 27 juin 2005, arrêt *Gourlot*), la loi organique ne dresse pas de typologie précise des dépenses de campagne. Il appartient, dès lors, à la seule appréciation des instances de contrôle (la CNCC et le Conseil constitutionnel) d'opérer une clarification entre les dépenses du président en exercice et les dépenses du candidat ! En second lieu, il est artificiel de ne pas considérer que le président de la République n'est pas un candidat comme les autres (il n'a pas, par exemple, le droit de se présenter à un troisième mandat). Pourtant, il est soumis aux mêmes contraintes que les autres candidats pendant (ce qui est normal) et avant la *campagne officielle* (ce qui est plus discutable). Dès lors, en se présentant à sa réélection, le président de la République doit-il s'astreindre, un an avant la fin de son mandat, d'exercer ses fonctions modestement ? Là encore, le Conseil constitutionnel rappelle que le chef de l'État peut participer à des manifestations publiques en lien avec le devoir de sa charge. Mais ces réunions publiques ne doivent pas présenter un caractère manifestement électoral. Toute est donc, là encore, affaire d'interprétation...

B – Les élections parlementaires

Si les députés sont élus pour cinq ans au suffrage universel direct, les sénateurs, dont la durée du mandat a été réduite à six ans par la loi organique du 30 juillet 2003, sont désignés au suffrage indirect par un collège de grands électeurs.

1. L'élection des députés

Voir la composition de l'Assemblée nationale (XVe législature), p. 166.

Les 577 députés (ce nombre a été définitivement fixé à l'article 24, alinéa 3, de la Constitution par la LC du 23 juillet 2008) sont élus, tous les cinq ans (sauf renouvellement anticipé de l'Assemblée nationale), au suffrage universel direct. Chaque député doit être élu avec un suppléant, ce principe étant, depuis 2008, une obligation constitutionnelle (art. 25, al. 2 C), qui concerne également les sénateurs. Le suppléant parlementaire est une personne appelée à remplacer, parfois temporairement, le titulaire de la fonction parlementaire en cours de mandat.

Le mode de scrutin des élections législatives est, depuis la loi du 11 juillet 1986, le scrutin majoritaire uninominal à deux tours dans le cadre de circonscriptions départementales (sauf pour les français de l'étranger répartis dans onze circonscriptions géographiques). La réforme constitutionnelle de 2018 prévoit d'injecter une dose de proportionnelle dans l'élection des députés. Mais cette modification n'affecterait qu'à la marge la composition de l'assemblée. Ces dernières ont fait l'objet d'un redécoupage par ordonnance, en juillet 2009, afin de respecter des « bases essentiellement démographiques » (Conseil constitutionnel, décision n° 85-196 DC du 8 août 1985). A été retenue la règle selon laquelle un député devait représenter 125 000 habitants, un député supplémentaire étant ajouté au sein de chaque département par tranche de 125 000 habitants. Ce système s'appuie donc sur la population électorale (l'ensemble des habitants d'une commune) et non sur le corps électoral (citoyens français inscrits sur les listes électorales de la commune). De plus, la dernière délimitation met fin à la tradition qui voulait que chaque département ait au moins deux députés, quelle que soit sa population. Le Conseil constitutionnel a considéré que « le maintien d'un minimum de deux députés pour chaque département n'est plus justifié par un impératif d'intérêt général » (décision n°2008-573 DC du 8 janvier 2009).
Tout citoyen ayant 18 ans révolus et la qualité d'électeur peut se présenter à cette élection (art. LO 127 code électoral). Pour être élu au premier tour, il faut obtenir la majorité absolue des suffrages exprimés représentant 25 % des électeurs inscrits. En cas de second tour, seuls peuvent se maintenir les candidats ayant obtenu au moins 12,5 % des voix des électeurs inscrits. Est élu le candidat arrivé en tête.
Trois situations entraînent le remplacement définitif du parlementaire : son décès; sa nomination au Conseil constitutionnel; l'exercice d'une mission temporaire confiée par le gouvernement pour une durée supérieure à six mois. Dans tous les autres cas, démission, annulation de l'élection, le remplacement du député suppose l'organisation d'une élection législative partielle (sauf si le délai d'expiration de la législature est de moins de 12 mois).
La nomination du député au gouvernement implique désormais son remplacement temporaire puisque « les fonctions de membre du gouvernement sont incompatibles avec l'exercice de tout mandat parlementaire » (art. 23C). La LC du 23 juillet 2008 prévoit le droit au retour dans l'enceinte du palais Bourbon des anciens ministres (art. 25C). Enfin, la LO du 14 février 2014 pose le principe du non-cumul entre un mandat parlementaire et des fonctions exécutives locales. Cette loi entrée en application en juin 2017 a conduit à un profond renouvellement des membres de l'Assemblée nationale issus des élections législatives de juin 2017 (près de 45 % des anciens députés ayant décidé de privilégier le mandat local ou de ne pas se représenter).

2. L'élection des sénateurs

Les sénateurs et les sénatrices sont les élus des élus. Ils sont désignés par le corps électoral sénatorial (environ 160 000 grands électeurs) dont la composition a évolué à la suite de différentes réformes, la dernière datant de la loi du 2 août 2013.
Le Conseil constitutionnel, dans sa décision du 6 juillet 2000, a rappelé que le Sénat devait émaner principalement des assemblées délibérantes des collectivités territoriales.
Les sénateurs sont élus, dans le cadre départemental, par un corps électoral composé des députés, des conseillers régionaux, des conseillers départementaux ainsi que de représentants des communes.
Ceux-ci sont désignés de façon à tenir compte, dans une certaine mesure, des écarts démographiques entre les communes ; dans celles de moins de 9 000 habitants, un certain nombre seulement des conseillers municipaux participent au scrutin ; dans les communes entre 9 000 et 30 000 habitants, tout le conseil y participe ; dans les grandes villes, tout le conseil est électeur, et il élit un certain nombre de délégués supplémentaires.
Sont intégrés dans ce dispositif les élus de la métropole, mais aussi les élus des départements et des collectivités d'outre-mer, sans oublier les autres collectivités ultra-marines (Nouvelle Calédonie).
Enfin, le Sénat assure la représentation de 12 sénateurs des français établis hors de France. Ces sénateurs du monde sont désignés par un collège spécial composé des députés et sénateurs élus par les Français de l'étranger et par les membres élus de l'Assemblée des Français de l'étranger (AFE). Jusqu'à la révision du 23 juillet 2008, cette représentation de 2 millions trois cent mille français était seulement assurée au Sénat. La révision de 2008 a créé les députés représentant les français établis à l'étranger. Mais les 12 « sénateurs du monde » font toujours partis de la Haute Assemblée.
Les 348 sénateurs (au plus, selon l'art. C 24) sont élus pour un mandat de six ans depuis la loi organique du 30 juillet 2003 (auparavant, le mandat était de neuf ans). La particularité de cette assemblée parlementaire est son **renouvellement par moitié tous les 3 ans** depuis 2011. Le Sénat est ainsi déconnecté de l'élection présidentielle tant au niveau de la durée du mandat sénatorial (six ans contre cinq) qu'au niveau du moment de son renouvellement. Les 348 sénateurs sont répartis en 2 séries : 170 sénateurs pour la série 1 ; 178 sénateurs pour la série 2.
Le vote à l'élection sénatorial est obligatoire. Une amende de 100 euros sanctionne l'abstention.
Le mode de scrutin sénatorial varie selon la taille et le nombre de sénateurs par département.

Le scrutin majoritaire s'applique dans les départements les moins peuplés qui comportent deux sièges de sénateurs ou moins. Le candidat disposant de la majorité absolue des suffrages exprimés au premier tour, représentant un nombre de voix au moins égal au quart des électeurs inscrits, est élu. À défaut, un second tour désigne – le même jour - comme sénateur/sénatrice le candidat obtenant le plus grand nombre de voix.
Le scrutin est proportionnel à la plus forte moyenne dans les départements qui désignent 3 sénateurs ou plus. C'est donc un scrutin de liste qui s'applique dans ces départements. La parité homme femme (l'alternance entre candidat et candidate sur chaque liste) y est obligatoire.
Scrutin majoritaire ou scrutin proportionnel : le Sénat est la résultante de scrutins locaux ce qui assure la représentation qui est la sienne au titre de l'article 24 C.
Il ne faut toutefois pas établir de lien entre le mode d'élection du Sénat et ses fonctions constitutionnelles. Une élection est une procédure de désignation des représentants. Il ne faut pas, en particulier, déduire des modalités d'élection du Sénat une fonction spécifique de représentation des collectivités territoriales. Ce n'est pas parce que le Sénat émane indirectement du suffrage universel par l'intermédiaire des collectivités territoriales que le Sénat ne représente que les territoires ! Comme l'Assemblée nationale, le Sénat représente aussi les citoyens. Élus par les élus, les sénateurs et sénatrices représentent la nation.
Les élections sénatoriales du 24 septembre 2017 constituent une défaite des candidats de la majorité présidentielle. Dans ces conditions, la majorité des trois-cinquièmes des parlementaires exigée pour l'adoption, par la voie du Congrès, d'une révision constitutionnelle sera difficile à obtenir pour le président de la République. Il lui faudra amender, en négociant avec le président du Sénat, son projet de LC « pour une démocratie plus représentative, responsable et efficace » (présenté en Conseil des ministres le 9 mai 2018), s'engager dans la voie – incertaine – du référendum ou bien renoncer à sa réforme constitutionnelle.

La répartition des députés dans l'Assemblée nationale issue des élections législatives de 2017 (xve législature)

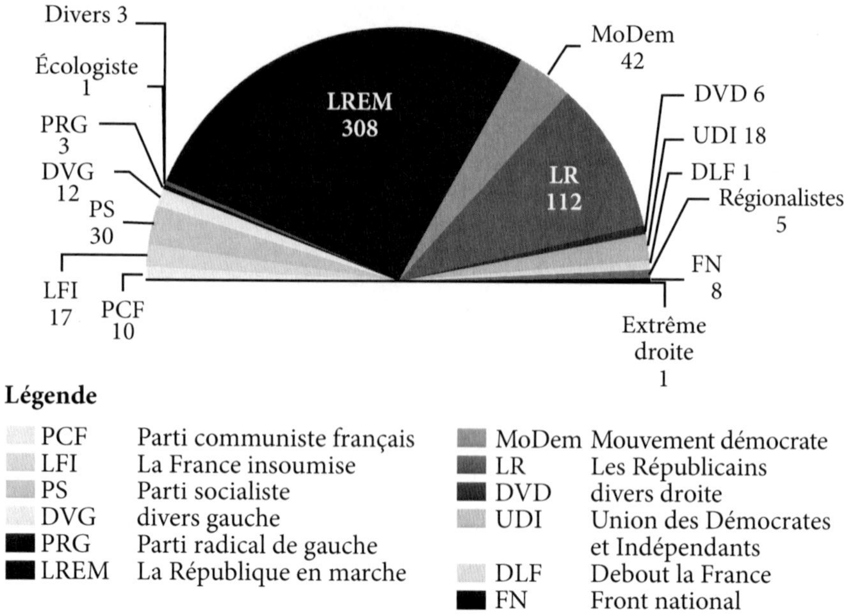

Les groupes parlementaires, leurs présidents et leurs effectifs à l'Assemblée nationale (xve législature)

Groupe	Président	Effectifs
La République en marche	Richard Ferrand	313
Les Républicains	Christian Jacob	100
Mouvement démocrate et apparentés	Marc Fesneau	47
Les Constructifs (Républicains, UDI, Indépendants)	Franck Riester	35
Nouvelle gauche	Olivier Faure	31
La France insoumise	Jean-Luc Mélenchon	17
Gauche démocrate et républicaine	André Chassaigne	16
Non-inscrits	-	18
TOTAL		577

Bibliographie

Antoine (A.), *Droit constitutionnel britannique*, LGDJ, Éditions Lextenso, 2e édition, 2018

Ardant (Ph.), **Mathieu** (B.), *Institutions politiques et droit constitutionnel*, LGDJ, 28e édition, 2016

Baranger (D.), *Le droit constitutionnel*, PUF coll. Que sais-je ?, 7e édition, 2017

Blachèr (P.), *TD de droit constitutionnel*, Lexisnexis, 2e édition, 2018

Bonnet (J.), **Gadhoun** (P.-Y.), **Rousseau** (D.), *Droit du contentieux constitutionnel*, LGDJ, 2016

Caporal (S), **Esplugas-Labatut** (P), **Ségur** (P), **Torcol** (S), *Droit constitutionnel*, Ellipses, 2017

Carcassonne (G.), **Guillaume** (M.), *La Constitution commentée*, Le Seuil, 2014

Constantinesco (V.), **Pierré-Caps** (S.), *Droit constitutionnel*, PUF, 7e édition, 2017

Favoreu (L.) ***et al.***, *Droit constitutionnel*, Précis Dalloz, 2015

Gicquel (J. et J.-E.), *Droit constitutionnel et institutions politiques*, LGDJ, 30e édition, 2017

Haquet (A.), *Droit constitutionnel en 11 thèmes*, Dalloz, 2017

Jan (P), *Histoire des constitutions de la France*, Lextenso, 3 tomes, 2016

Melin-Soucramanien (F.), **Pactet** (P.), *Droit constitutionnel*, Sirey, 35e édition, 2017

Toulemonde (G.), *Institutions politiques comparées*, Ellipses, 3e édition, 2018

Troper (M.), **Chagnollaud** (D.) , *Traité international de droit constitutionnel*, 3 tomes, Dalloz, 2012

Türk (P.), *Principes fondamentaux de droit constitutionnel*, Gualino, 10e édition, 2017 ; *Les Institutions de la Ve République*, Gualino, 8e édition, 2016

Verpeaux (M.), *Droit constitutionnel français*, PUF, 2016

Achevé d'imprimer en France par la Nouvelle Imprimerie Laballery – 58500 Clamecy
Dépôt légal : octobre 2018 - Collection n° 10 - Edition n° 02 - N° d'impression : N154940 / 2847
29/0719/4